eweihbaum

Roßkastanie

Bergahorn

Katsurabaum

'laumeiche

Sommerlinde

LAUBBÄUME

Bestimmen • Kennenlernen • Schützen

Blütenstände der Rotblühenden Roßkastanie.

Dr. Gregor Aas • Andreas Riedmiller

LAUBBÄUME

Bestimmen • Kennenlernen • Schützen

350 Naturfarbfotos von Andreas Riedmiller
25 Zeichnungen von György Jankovics

GONDROM

Inhalt

Blätter des Judasbaums.

◀ **Foto Seite 4/5: Grauerlen-Allee**

Laubbäume sind uns ans Herz gewachsen. Besonders jene ehrwürdigen Baumgestalten wie Linden, Eichen, Kastanien, die das Bild von Plätzen, Straßen und Biergärten verschönern. Das Besondere an Laubbäumen: Sie wechseln viermal im Jahr ihr Aussehen. Auf zartes Knospengrün folgt das Sattgrün des Sommerlaubs, das sich im Herbst rot, gelb oder braun färbt. Im Winter erleben wir dann die feingegliederte Baumsilhouette – der Bauplan des Baumes wird deutlich sichtbar.

Der neue „Naturführer Laubbäume“ stellt die wichtigen Laubbäume Mitteleuropas vor, einschließlich mediterraner Arten und exotischer Parkbäume. Von jeder Art sind als wichtigstes Bestimmungsmerkmal die Blätter abgebildet, darüber hinaus finden Sie im Bestimmungsteil auch Fotos vom Gesamthabitus des Baumes und von Zweigen, Blüten, Früchten und Rinden. Der bewährte Kennfarben-Code führt schnell zu den Baumgruppen und macht so ein leichtes Auffinden der gesuchten Arten möglich.

Der neue Laubbäume-Führer ist aber mehr als nur ein Bestimmungsbuch. Im Abschnitt „Laubbäume kennenlernen“ werden Bau und Lebensweise des Baumes erklärt, seine Bedeutung im Ökokreislauf der Natur und seine Anpassung an Klima und Umwelteinflüsse.

Auch unsere Laubbäume sind inzwischen aufs höchste gefährdet. Wer selbst aktiv werden möchte, erfährt, was man für den Schutz der Laubbäume tun kann, und er findet Anleitungen für das Pflanzen und Pflegen von Laubbäumen im eigenen Garten.

Viel Freude und Erfolg im Umgang mit den Laubbäumen wünschen die Autoren und die Naturbuch-Redaktion.

Im Herbst bieten die Laubbäume eine prächtige Palette der verschiedensten Gelb-, Braun- und Rottöne an.

Laubbäume kennenlernen

Laubbäume sind ein wesentlicher Teil unserer Umwelt. Sie prägen weite Gebiete unserer Landschaft und sind wichtige Elemente in Parks und Gärten. Und dennoch, viel von ihrem Leben bleibt uns verborgen, wenn wir uns nicht die Mühe machen genau und geduldig hinzusehen.
Die folgende „Kleine Baumkunde" ist eine Einführung in die Biologie unserer Laubbäume. Sie zeigt, wie Bäume gebaut sind, wie sie wachsen und sich verzweigen, wie sie blühen und fruchten und wie aus dem Samen ein neuer Baum entsteht.
Viel mehr als der reinen Wissensvermittlung sollen die nächsten Seiten aber dazu dienen, den Leser anzuregen, nach draußen zu gehen und eigene Beobachtungen in der wunderbaren Welt der Laubbäume anzustellen.

Was sind eigentlich Bäume?

Bäume sind, ebenso wie Sträucher, Gehölzpflanzen. Gehölze deshalb, weil ihre Zweige, Äste und Stämme mehr oder weniger stark verholzen und dabei stetig dicker werden. Kräftige, verholzte Stämme und Äste sind die Voraussetzung dafür, daß Bäume höher als alle anderen Pflanzen werden und die riesige Last ihrer Baumkronen tragen können. Und dies alles aus eigener Kraft, aufrecht stehend, über Menschengenerationen hinweg, allen Unbilden des Wetters zum Trotz.
Durch die Bildung von Holz unterscheiden sich Gehölze von krautigen Pflanzen, beispielsweise den Wiesenblumen. Deren Stengel werden nach dem Erreichen ihrer Ausgangsstärke nicht mehr oder nur geringfügig dicker und bleiben zeitlebens unverholzt oder verholzen lediglich an ihrer Basis ein wenig.

Unterschied Strauch und Baum

Im Vergleich zu Sträuchern werden Bäume höher und haben in der Regel einen Hauptstamm, der mehr oder weniger hoch über dem Boden eine Astkrone trägt. Sträucher verzweigen sich dagegen schon an ihrer Basis und sind deshalb mehrstämmig. Wenn sie auch normalerweise niedriger sind als Bäume, so kommt doch dieser unterschiedlichen Art der Verzweigung die entscheidende Bedeutung bei der Abgrenzung beider Wuchsformen zu. Die Hauptachse eines Baumes verlängert sich durch Spitzenwachstum immer weiter und auch ihre Verzweigung ist spitzenwärts gefördert. So kommt es, daß sich Bäume mit der Zeit in Stamm und Krone differenzieren.
Sträucher dagegen bilden von der Basis her immer wieder neu kräftige Triebe. Ihr Habitus ist deshalb geprägt durch zahlreiche mehr oder weniger gleichstarke Stämmchen.
Eine klare Trennung zwischen einem Hauptstamm und einer Krone ist nicht möglich. Jeder, der etwas aufmerksamer durch Feld und Wald geht, wird rasch feststellen, daß die Unterscheidung zwischen Baum und Strauch in vielen Fällen nicht ganz so einfach ist wie eben dargestellt und es häufig Übergänge zwischen

Zum Bild: Blick in die Krone einer Rotbuche. Verglichen mit Fichte und Tanne sind die Kronen der Laubbäume meist sehr viel unregelmäßiger aufgebaut. Oft läßt sich, so wie bei dieser Buche, nicht mehr eindeutig erkennen, was der Hauptstamm ist. Typisch für Buchenkronen sind die relativ steil gestellten Äste.

„Windbuchen" auf den Höhen des Schwarzwaldes.

beiden Wuchsformen gibt. Die Natur kümmert sich eben mitunter wenig darum, wie wir ihre vielfältigen Erscheinungen definieren.

Unter günstigen Wuchsbedingungen ist zum Beispiel die Rotbuche ohne jeden Zweifel ein Baum. Besonders im geschlossenen Hochwald sitzt die Krone weit oben auf dem langen, bis hoch hinauf astfreien Stamm. Eine völlig andere Wuchsform bekommt dieselbe Baumart im Gebirge nahe der Baumgrenze, beispielsweise in den Vogesen oder im Appennin. Starke Fröste und große Schneemengen verhindern hier die Bildung eines durchgehenden Stamms ebenso wie das Erreichen großer Höhen. Deshalb sind Rotbuchen, aber auch Ebereschen oder Moorbirken im Gebirge oft mehr Strauch als Baum. Andere Arten haben auch bei optimalen Standortsbedingungen sowohl etwas strauch- wie baumhaftes an sich. Die Traubenkirsche beispielsweise wächst sehr häufig vielstämmig. Dabei kann sie über 15 Meter hoch werden, was für einen Strauch eigentlich nicht üblich ist. Salweiden wachsen mal strauch-, mal baumförmig. Der Schwarze Holunder, normalerweise eher ein Strauch, wird im Alter manchmal zu einem richtigen kleinen Baum.

Zum Bild: Umweltbedingungen prägen maßgeblich die Gestalt von Bäumen. Unter dem Einfluß stetiger, starker Winde aus einer Himmelsrichtung bleiben diese Rotbuchen niedrig und bilden extrem einseitige Kronen aus.

Bäume wollen hoch hinaus

Wenn auch die Höhe nicht das entscheidende Kriterium zur Unterscheidung von Baum und Strauch ist, so sind doch Bäume normalerweise viel höher als Sträucher. Australische Eukalyptusarten zum Beispiel zählen mit mehr als 100

Salweide im Winter.

Meter Höhe zu den höchsten Lebewesen dieser Erde überhaupt. Unsere einheimischen Laubbäume nehmen sich dagegen eher bescheiden aus. Doch können – günstigste Standorte vorausgesetzt – auch Stiel- und Traubeneiche, Rotbuche, Bergulme oder Winterlinde immerhin stattliche 40 Meter hoch werden.

Große Höhen sind für die Pflanze von großer Bedeutung, denn sie verschaffen ihr Vorteile im Kampf ums Licht, einem der wichtigsten Konkurrenzfaktoren im Zusammenleben von Pflanzen. Doch gibt es viele Laubbäume, die sich in ihrer Wuchshöhe nicht oder nur geringfügig von großen Sträuchern unterscheiden.

Und Bonsais schließlich sind aufgrund ihrer Verzweigung auch Bäume, selbst wenn sie im Alter von mehr als 100 Jahren nur wenige Dezimeter groß sind, freilich nur deshalb, weil der Mensch sie nicht größer werden läßt.

Zum Bild: Im Unterschied zu Bäumen verzweigen sich Sträucher schon an ihrer Basis mehr oder weniger stark. Dadurch kann sich, so wie hier bei einer Salweide, ein ganzes Bukett aus rutenförmigen Stämmchen bilden.

Was ist ein Laubbaum, was ein Nadelbaum?

Bäume unterteilt man für gewöhnlich in Laub- und Nadelbäume.

Laubbäume haben in der Regel flächig entwickelte Blätter. In unserem Klimabereich sind die meisten Laubbäume sommergrün, das heißt sie werfen die Blätter nach nur einer Vegetationsperiode ab und sind das Winterhalbjahr über kahl.

Nadelbäume wie Fichte und Tanne haben im Unterschied dazu nadelförmige Blätter oder, so zum Beispiel die in unseren Vorgärten und Friedhöfen häufig angepflanzte Thuja, schuppenförmige Blätter. Von wenigen Ausnahmen abgesehen (zum Beispiel die Lärche) sind Nadelbäume immergrün, tragen also zu jeder Jahreszeit grüne Blätter. Die Botaniker freilich unterscheiden Laub- und Nadelgehölze nach einem ganz anderen Kriterium. Laubgehölze sind Bedecktsamer *(Angiospermae)*, das heißt die Samenanlagen in den Blüten sind stets von einem Fruchtknoten umschlossen. Im Unterschied dazu gehören die Nadelgehölze zu den Nacktsamern *(Gymnospermae)*. Wie der Name sagt, sind die Samenanlagen nackt und nicht von einem Fruchtknoten umschlossen.

Der Ginkgo – ein Fall für sich

Ein Baum, der immer wieder Verwirrung stiftet, ist der Ginkgo *(Ginkgo biloba)*. Trotz seiner laubblattähnlichen, eigenwillig fächerförmigen Blätter ist er kein Laubbaum, sondern wie die Nadelbäume eine nacktsamige Pflanze. Ein Nadelgehölz ist er allerdings auch nicht. Die botanischen Systematiker betrachten den Ginkgo als den einzigen noch lebenden Vertreter einer eigenständigen, von den Nadelgehölzen getrennten Gruppe.

Die wissenschaftlichen Pflanzennamen

Wie in der biologischen Systematik allgemein üblich, so setzt sich auch bei Laubbäumen der lateinische Name einer Art aus zwei Wörtern zusammen: Das erste bezeichnet die Gattung, das heißt eine Gruppe verwandter Arten (für die vielen verschiedenen Eichen zum Beispiel steht der Gattungsname *Quercus*). Die Art wird durch den zweiten Namen angegeben (*Quercus robur*, die Stieleiche, im Unterschied zu *Quercus petraea*, die Traubeneiche). Hinter dem wissenschaftlichen Namen folgt (oft abgekürzt) der Name des Botanikers (bzw. der Botanikerin), der als erster den Nomenklaturregeln entsprechend die Art als solche beschrieben hat. Einheiten innerhalb der Art sind die Unterart (Subspecies, abgekürzt ssp.) und die Varietät (var.). Arthybriden sind durch ein x vor dem Artnamen gekennzeichnet (zum Beispiel *Aesculus* x *carnea*, die Rotblühende Roßkastanie).

Zum Bild: Blätter des Ginkgobaums. Der Ginkgo ist trotz seiner laubblattähnlichen, fächerförmigen Blätter kein Laubbaum. Er gilt als ein „lebendes Fossil", da er der einzige noch lebende Vertreter einer Familie ist, die vor mehr als 100 Millionen Jahren ihre Blütezeit erlebt hat.

Rotbuche (die „Bavariabuche") im Frühjahr

... im Herbst

... im Sommer

... im Winter.

Einiges zur Architektur der Laubbäume

Laubbäume können gewaltige Höhen erreichen. Voraussetzung dafür ist ihr über Jahrzehnte anhaltendes Höhenwachstum. In unserem Klima wachsen Bäume nicht kontinuierlich, sondern mehr oder weniger schubweise dadurch, daß sie Jahr für Jahr neue Triebe bilden.

Endknospen und Seitenknospen

Um zu verstehen, wie der Baum wächst und sich verzweigt, lohnt es sich, einmal genauer den Austrieb einer Knospe im Frühjahr zu beobachten.
Sobald die Tage warm und lang genug sind, treibt die Knospe zu einem beblätterten Trieb aus. Irgendwann im Laufe der Vegetationsperiode beendet dieser Trieb sein Wachstum mit der Bildung einer Endknospe an seiner Spitze. Seitlich, in den Achseln der Laubblätter, haben sich zu diesem Zeitpunkt bereits Seitenknospen entwickelt. Im nächsten Frühjahr treiben dann sowohl die Endknospe als auch die Seitenknospen aus. Aus der Endknospe entsteht der Leittrieb, der die vom letztjährigen Jahrestrieb gebildete Mutterachse weiterführt. Er ist meist der längste und kräftigste der neugebildeten Sprosse. Aus den seitlichen Knospen entstehen als Verzweigungen der Mutterachse Seitentriebe. Alle neu gebildeten Triebe bilden ihrerseits wieder End- und Seitenknospen für den Austrieb im kommenden Jahr. Über viele Jahre entsteht durch stete Wiederholung dieses Vorgangs ein immer stärker verzweigtes Sproßsystem. Seitentriebe werden durch Dickenwachstum zu Ästen, der Leittrieb des jungen Bäumchens normalerweise zum Stamm.
Die verschiedenen Baumarten können durch Variation dieses Wachstumsprinzipes unterschiedliche Kronenformen ausbilden. Die Dicke von Stamm und Ästen, die Intensität der Verzweigung, der Winkel, mit dem Zweige vom Ast und Äste vom Stamm abzweigen,

Zum Bild: Stockausschläge einer Weide. Stockausschläge entstehen dadurch, daß schlafende Knospen am Stumpf eines gefällten Baumes austreiben. Große Teile unserer Wälder wurden früher als Stockausschlagwälder (Nieder- und Mittelwälder) bewirtschaftet. Ihre Verjüngung erfolgte einfach dadurch, daß man die Bäume „auf den Stock setzte" und die nächste Baumgeneration von Stockausschlägen gebildet wurde.

Zweig einer Rotbuche zur Zeit des Laubaustriebes.

schließlich die Umrißform der Krone, die sich dabei bildet, all das sind Eigenschaften, die das Erscheinungsbild einer Baumart mitbestimmen.
Wohlgemerkt, der beschriebene Ablauf des Längenwachstums ist das vereinfacht dargestellte Grundschema, das in der Natur auf unterschiedlichste Weise variiert wird. Eine Vielzahl von Umwelteinflüssen kann Änderungen des in einem gewissen Rahmen genetisch fixierten Bauplans eines Baums erzwingen.

„Eichen"- und „Pappeltyp"

Bezüglich der Dauer des jährlichen Längenwachstums der Triebe kann man zwei Typen unterscheiden:

- Den „Eichentyp", bei dem das jährliche Längenwachstum der Triebe zu Beginn der Vegetationsperiode in einem kurzen, aber heftigen Schub erfolgt. Nur etwa zwei oder drei Wochen dauert es bei günstiger Witterung, bis die Sprosse und Blätter von Eichen, Buchen, Eschen oder Roßkastanien zu voller Größe herangewachsen sind.
- Den „Pappeltyp", bei dem die Triebe praktisch während der ganzen Vegetationszeit über in die Länge wachsen, wobei stetig neue Blätter gebildet werden. Zu diesem Typ gehören die Pappeln, Weiden, Birken, Erlen und die Robinie. Viele Baumarten lassen sich allerdings keinem der beiden Typen eindeutig zuordnen.

Zum Bild: Aus den Knospen wachsen im Frühjahr die neuen Triebe. Aus Endknospen entstehen Leittriebe, aus seitlichen Knospen Seitentriebe. Diese sind bei der Rotbuche häufig Kurztriebe.

Johannistriebe

In unserem Klima ist es der Normalfall, daß Bäume einmal im Jahr, und zwar im Frühjahr, austreiben. Bei manchen

Baumarten (häufig z.B. bei Stiel- und Traubeneiche) kommt es aber im Sommer zu einem zweiten Austrieb. In diesen Fällen treiben Knospen von Trieben aus, die im gleichen Jahr entstanden sind und eigentlich erst im Frühjahr des nächsten Jahres austreiben sollten. Dieser verfrühte Austrieb geschieht gehäuft Ende Juni, etwa um Johanni herum. Deshalb nennt man diese Sommertriebe auch Johannistriebe.

Die eiserne Reserve: Schlafende Knospen

Aber auch der umgekehrte Fall ist möglich. Bei vielen Baumarten treibt ein Teil der im Sommer gebildeten Knospen im nächsten Frühjahr nicht aus, sondern verharrt in einem Ruhestadium. Man nennt diese Knospen deshalb „schlafende Knospen“. Bei Bedarf können sie oft noch Jahrzehnte nach ihrer Bildung austreiben. Stockausschläge, also Triebe am Stock eines gefällten Baumes, entstehen auf diese Art. Der Austrieb „schlafender Knospen“ ist auch die Ursache dafür, daß aus dicken Stämmen von Eichen, Ulmen, Hainbuchen oder Schwarzpappeln häufig junge Triebe sprießen. Das Wachstum solcher „Wasserreiser“ oder „Klebäste“ wird oft dadurch ausgelöst, daß die den Stamm beschattenden Nachbarbäume entfernt werden. Das nun vermehrt auf den Stamm fallende Licht weckt die „schlafenden Knospen“ zum Austrieb. Bei wertvollen, bis hoch hinauf astfreien Eichen sind Wasserreiser der Schrecken eines jeden Försters, da sie den Wert der Stämme, vor allem ihre Eignung zur Herstellung von Furnieren, erheblich mindern können. Andererseits ist die Möglichkeit des Austriebes von Ruheknospen für den Baum selbst ein großer Vorteil. Eine durch Spätfrost oder Insektenfraß im Frühjahr völlig entlaubte Eiche ist mit Hilfe der „schlafenden Knospen“ binnen kürzester Frist in der Lage, ihre Krone völlig neu zu belauben.

Langtriebe und Kurztriebe

Ihrer Länge nach lassen sich die Triebe vieler Baumarten in Lang- und Kurztriebe einteilen.
Langtriebe dienen dem Baum in erster Linie dazu, in die Höhe und in die Breite zu wachsen, also Raum zu gewinnen. Sie sind infolge einer deutlichen Streckung ihrer Sproßachse mehrere Zentimeter bis einige Dezimeter lang. Kurztriebe ermöglichen es dagegen, den eroberten Raum gleichmäßig und intensiv mit Blättern auszufüllen und dadurch das verfügbare Licht optimal auszunutzen. Sie werden nur einige Millimeter bis wenige Zentimeter lang und sind in der Regel unverzweigt. Durch die Stauchung der Sproßachse stehen die Blätter ganz dicht beieinander. Deutlich ausgeprägt sind Lang- und Kurztriebe bei der Rotbuche. Die Hauptachse eines mehrere Jahre alten Zweiges endet meist mit einem Langtrieb. Im Sommer erkennt man ihn daran, daß die Blätter einzeln mit einem deutlichen Abstand zueinander am Trieb stehen. Seitenzweige sind dagegen häufig Kurztriebe. Die Blätter stehen hier dicht gebüschelt, fast wie in einer Rosette. Auch Zitterpappel, Bergahorn, Vogelbeere, Kirsch-, Birn- und Apfelbaum haben Kurz- und Langtriebe. Bei anderen Arten, beispielsweise bei Linden, bei der Hainbuche oder den Eichen, gehen Kurz- und Langtriebe allmählich ineinander über. Eine genaue Trennung beider Triebtypen ist hier oftmals nicht möglich.

Zum Bild rechts: Edelkastanie mit Wasserreisern am Stamm. Wasserreiser entstehen durch den Austrieb von „schlafenden Knospen“. Mit ihrer Hilfe ist der Baum in der Lage, die Krone „von unten her“ zu regenerieren. Dies ist beispielsweise dann notwendig, wenn Teile der Krone durch Krankheit oder Astabbrüche verlorengegangen sind. ▶

Die Blätter der Laubbäume

Bei der Bestimmung von Bäumen kommt den Laubblättern große Bedeutung zu. Blätter sind bei sommergrünen Arten während der gesamten Vegetationszeit verfügbar, bei immergrünen Laubbäumen, in unserem Klimabereich die Ausnahme, sogar ganzjährig.

Die Blattstellung

Blätter sind an der Sproßachse nach bestimmten Gesetzmäßigkeiten angeordnet. Die Ansatzstelle der Blätter am Trieb bezeichnet man, da häufig etwas verdickt, als Knoten (→ Zeichnung unten).

Wechselständige Blattstellung
Entspringt pro Knoten nur ein Blatt, so spricht man von wechselständiger Blattstellung. Ein Sonderfall dieser Blattstellung ist die Zweizeiligkeit. Die Blätter stehen hier in zwei Längszeilen am Trieb, wobei sich die Blätter zweier benachbarter Knoten immer genau gegenüber stehen. Dadurch sind alle Blätter eines Triebes mehr oder weniger deutlich in einer Ebene ausgebreitet.

Gegenständige Blattstellung
Stehen sich immer zwei Blätter an einem Knoten direkt gegenüber, so spricht man von gegenständiger Blattstellung.

Wirtelige Blattstellung
Ein bei unseren Laubbäumen seltener Fall ist die wirtelige oder quirlige Blattanordnung, bei der an einem Knoten drei und mehr Blätter entspringen.

Der Bauplan eines Laubblattes

Ein vollständiges Laubblatt (→ Zeichnung Seite 22 oben) besteht aus der Blattspreite, dem Blattstiel und dem Blattgrund.
Der Blattgrund ist meist nur eine unscheinbare Verdickung an der Basis des Blattstiels. Er kann zwei mehr oder weniger kleine Anhängsel, die Nebenblätter, tragen. Bei vielen Baumarten fallen die Nebenblätter schon bald nach der Blattentfaltung ab, bei anderen, beispielsweise manchen Weiden, bleiben sie länger erhalten. Die Blattspreite, wichtigster Teil des Blattes, wird zur Versorgung ihrer Zellen mit Wasser und Nährstoffen sowie zum Abtransport der hier durch Photosynthese gebildeten Assimilate von einem Netz von Leitbahnen, den Blattadern oder Blattnerven, durchzogen. Der den Blattstiel weiterführende Haupnerv, die Mittelrippe, verzweigt sich in die Seitennerven, die sich ihrerseits weiter verästeln. Bei

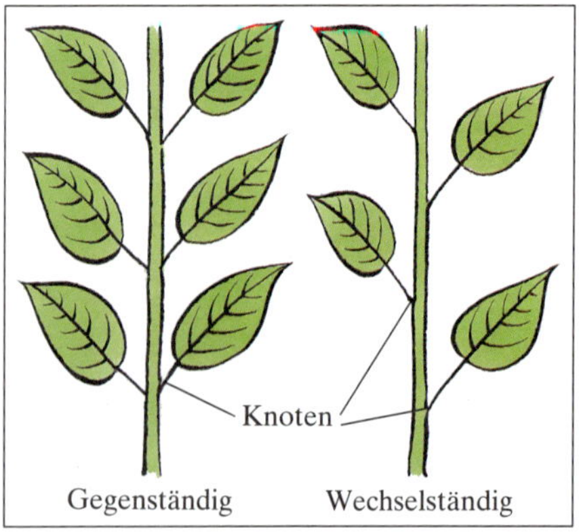

Zur Zeichnung: Blattstellungen. Als Blattstellung bezeichnet man die Anordnung der Blätter an der Triebachse. Entspringen pro Knoten zwei Blätter, so spricht man von der gegenständigen Blattstellung. Wechselständig sind Blätter dann, wenn jeder Knoten nur ein einziges Blatt trägt.

Blatt einer Roteiche in der Herbstfärbung.

Zum Bild: Ursache für die herbstliche Blattverfärbung ist der Abbau des grünen Blattfarbstoffs, des Chlorophylls. Dadurch können gelbe und rote Blattfarbstoffe zur Geltung kommen.

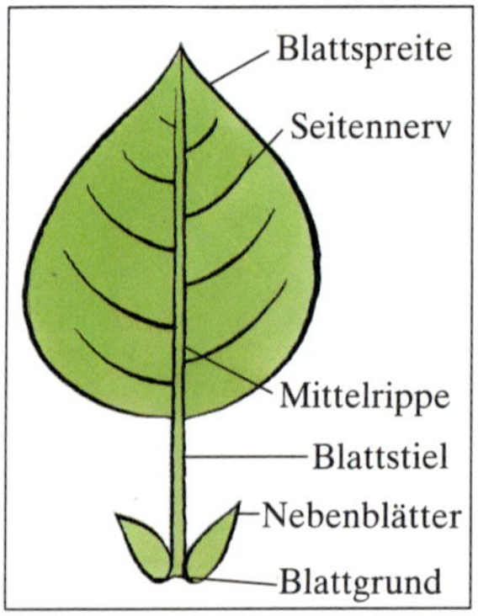

Aufbau eines ungeteilten Blattes.

Zur Zeichnung: Die Blattspreite wird von Leitungsbahnen, den Blattnerven (Blattadern), durchzogen. In ihrer Gesamtheit bilden sie die Nervatur des Blattes.

handnervigen Blättern fehlt eine Mittelrippe, da von einem Punkt an der Basis der Blattspreite mehrere, etwa gleichstarke Blattnerven entspringen.

Verschiedene Blattformen

Ungeteilte Blätter

Einfach oder ungeteilt sind Blattspreiten dann, wenn sie aus einer zusammenhängenden Fläche bestehen.

Fiederblätter

Ein Fiederblatt besteht aus mehreren, voneinander getrennten Teilblättern, den Fiedern. Diese Blättchen werden von der Blattspindel (Rhachis) getragen, die die Fortsetzung des Blattstiels bildet.

Unpaarig gefiedert ist ein Blatt mit mehreren Fiederpaaren und einer einzelnen Fieder am Ende der Spindel (z.B. Walnußbaum). Paarig gefiedert ist ein Blatt ohne Endfieder (z.B. Johannisbrotbaum).

Die Roßkastanie hat handförmig gefiederte Blätter, die Teilblätter entspringen alle von einem Punkt am Ende des Blattstiels. Sind die Fiedern eines Blattes ihrerseits wieder gefiedert, so ist das Blatt doppelt gefiedert (z.B. Geweihbaum).

Blätter sind sehr variabel

Blätter bieten in der Regel gute Artmerkmale. Das darf aber nicht darüber hinwegtäuschen, daß die Blätter verschiedener Bäume einer Art, ja selbst die eines Baumes ganz erheblich variieren können. Wer sich einmal die Mühe macht, mehrere Blätter einer Eiche etwas genauer anzuschauen, wird erstaunt sein, welche Vielfalt an Blattformen und Blattgrößen er findet. So sind die Blätter an der Basis eines Jahrestriebes von denen an der Spitze verschieden, Blätter von Johannistrieben, Stockausschlägen und Wasserreisern sind vielfach anders gestaltet als die normaler Frühjahrstriebe. Wenn immer möglich, sollte man diese für die Bestimmung der Art verwenden.

Zur Zeichnung: Verschiedene Blattrandstrukturen. Ganzrandig sind Blätter mit glattem Rand. Beim gesägten Blattrand folgen spitze Zähne und spitze Einschnitte aufeinander. Bei gezähnten Blätter sind die spitzen Zähne durch abgerundete Einschnitte verbunden.

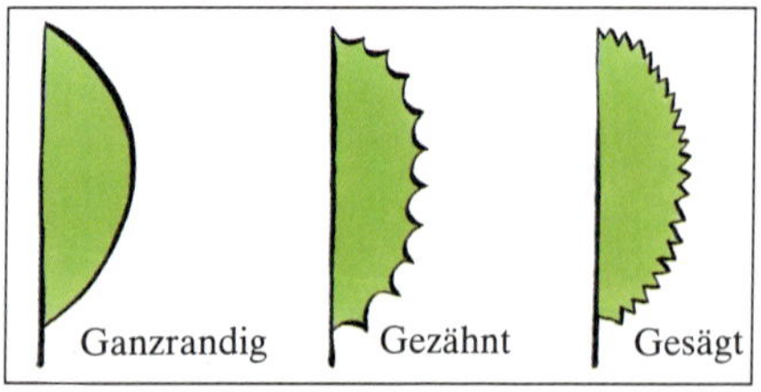

Blattformen

Bei einfachen oder ungeteilten Blättern ist die Blattspreite eine zusammenhängende Fläche. Nach der Form unterscheidet man lanzettliche, ovale, rundliche und gelappte Blätter. Beim handförmig gelappten Blatt entspringen die in die einzelnen Lappen führenden Nerven von einem Punkt an der Basis der Blattspreite (handnerviges Blatt). Im Unterschied dazu sind die Nerven der Lappen fiedrig gelappter Blätter Seitennerven der Mittelrippe.

Blattformen ungeteilter Blätter.

Bei Fiederblättern setzt sich die Blattspreite aus voneinander getrennten Teilblättern (Fiedern) zusammen. Beim unpaarigen Fiederblatt trägt die gemeinsame Blattspindel neben den paarigen Seitenfiedern an der Spitze eine einzelne Endfieder. Diese fehlt dem paarig gefiederten Blatt. Handförmig gefiedert bezeichnet man Blätter, deren Fiedern alle strahlenförmig am oberen Ende des Blattstiels entspringen.

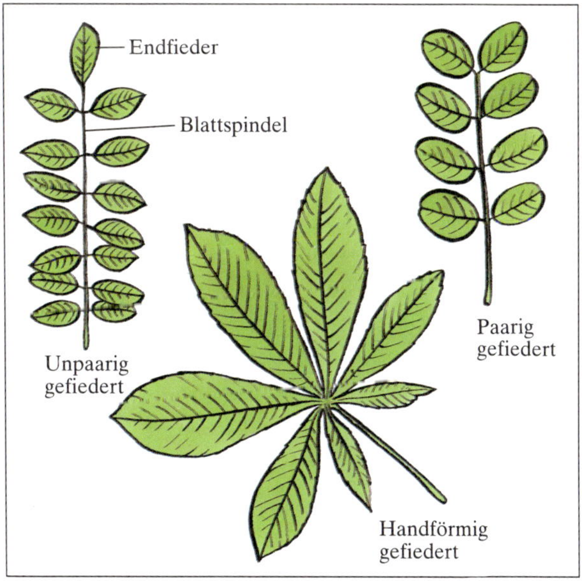

Blattformen gefiederter Blätter.

Blüten – nicht immer leicht zu erkennen

Wahrscheinlich gibt es viele Menschen, die zwar die Buche, Eiche oder Esche kennen, deren Blüten aber noch nie bewußt gesehen haben. Im Unterschied zu den ansehnlichen, weithin sichtbaren Blüten der Vogelbeere, Vogelkirsche oder Kastanie oder aber den intensiv duftenden Lindenblüten blühen viele unserer Laubbaumarten eher unauffällig. Wer aber einmal die Blüten der Gewöhnlichen Esche etwas genauer in Augenschein genommen oder einen Spitzahorn in voller Blütenpracht erlebt hat, wird vielleicht feststellen, daß sie nichtsdestoweniger wunderschön sind.

Die Blüte: ein Sproß mit umgewandelten Blättern

Blüten sind das gestauchte Ende eines Sprosses mit umgewandelten, der sexuellen Fortpflanzung der Pflanze dienenden Blättern.
Eine vollständige Blüte, wie man sie sich beispielsweise bei einer Vogelkirsche, einem Spitz- oder Bergahorn anschauen kann, besteht aus Kelch-, Kron-, Staub- und Fruchtblättern. Kelch- und Kronblätter bilden zusammen die Blütenhülle.
Von diesem Grundtyp der Blüte gibt es bei Laubbäumen eine Vielzahl von Abänderungen. Die Blütenhülle besteht oft aus gleichartigen Blättern, ist also nicht in Kelch und Krone gegliedert. Eine solche einfache Blütenhülle haben z.B. die Eichen und die Ulmen. Weidenblüten haben weder Kelch- noch Kronblätter; man bezeichnet sie deshalb als nackt.
Nach der Gestalt der Blütenkrone, genauer gesagt nach ihren Symmetrieverhältnissen, kann man zwischen radiären (strahligen) und zygomorphen Blüten unterscheiden. Erstere sind rad- oder sternförmig und lassen sich durch mehrere Symmetrieebenen in deckungsgleiche Hälften zerlegen. Durch eine zygomorphe Blüte kann man dagegen nur eine Symmetrieebene legen (z.B. Schmetterlingsblüte).
Blüten mit Staub- und Fruchtblättern nennt man zwittrig (Beispiele: Linde, Robinie, Vogelkirsche). Eingeschlechtige Blüten haben dagegen entweder nur Staubblätter (männliche Blüte) oder nur Fruchtblätter (weibliche Blüte). Einhäusig verteilt sind Blüten (oder die Baumart ist einhäusig), wenn ein Baum sowohl männliche als auch weibliche Blüten trägt (Beispiele: Eiche, Birke,

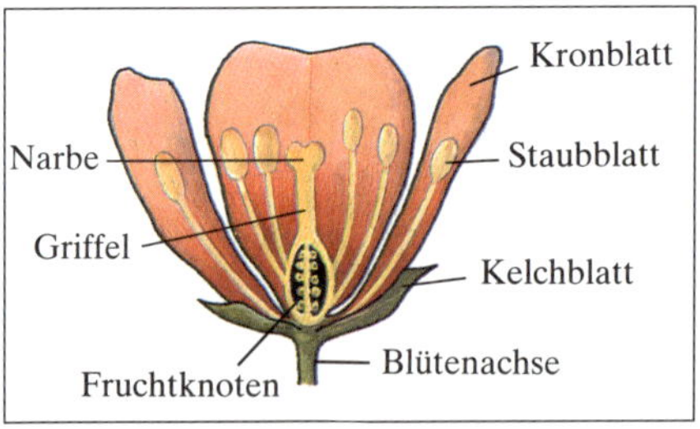

Zur Zeichnung: Bauplan einer vollständigen Blüte. Eine vollständige, zwittrige Blüte besteht aus den Kelchblättern (in ihrer Gesamtheit der Kelch), den oft auffallend gefärbten Kronblättern (in ihrer Gesamtheit die Krone) sowie den Staub- und Fruchtblättern. Letztere bilden einzeln oder zu mehreren verwachsen den Fruchtknoten, der die Samenanlagen umgibt.

Zweig einer Stieleiche mit männlichen und weiblichen Blüten.

Zum Bild: Bei vielen Laubbäumen sind die Blüten einhäusig verteilt, das heißt männliche und weibliche Blüten finden sich auf einem Individuum. Bei der Stieleiche sind die männlichen Blüten in langen, schlaff hängenden Kätzchen angeordnet; die sehr unscheinbaren, rötlich gefärbten, weiblichen Blüten in Ständen an der Spitze der diesjährigen Triebe.

Rotbuche). Zweihäusig verteilt sind Blüten (oder die Baumart ist zweihäusig), wenn männliche und weibliche Blüten getrennt auf verschiedenen Individuen vorkommen (Beispiel: Weide, Pappel).

Blütenstände

Bei Laubbäumen treten Blüten nur selten einzeln in Erscheinung. In den meisten Fällen sind mehrere Blüten zu Blütenständen zusammengefaßt. Nach der Art und dem Grad der Verzweigung dieser Blütenstände, kann man verschiedene Formen unterscheiden (→ Zeichnung unten). Ein gerade bei windbestäubten Laubbäumen häufiger Typ ist das Kätzchen. Es ist ein hängender (selten aufrechter, zum Beispiel bei den Weiden), ähriger Blütenstand, der nach dem Abblühen als Ganzes abfällt. Die „Würstchen“ der Erlen, Birken und Eichen oder die in einen seidigen Pelz gehüllten „Palmkätzchen“ der Weiden gehören zu diesem Typ. Die einzelne Blüte ist dabei oft so winzig klein, daß man sie erst bei genauerem Hinsehen, am besten mit Hilfe einer Lupe, erkennen kann.

Bestäubung und Befruchtung

Voraussetzung dafür, daß eine Pflanze Samen bildet, ist die Bestäubung und Befruchtung ihrer Blüten. Bestäubung heißt, daß die Pollenkörner von den Staubblättern auf die weiblichen Blütenorgane, bei Laubbäumen auf die Narbe des Fruchtknotens, übertragen werden. Die Bestäubung erfolgt bei unseren Gehölzen entweder durch Insekten oder durch den Wind.

Bestäubung durch Insekten

Angelockt werden Insekten durch die auffallende Färbung der Blütenkrone oder durch den Duft des Nektars. Bei ihrer Nahrungssuche in den Blüten beladen sie sich mit dem klebrigen Pollen, den sie dann von einer Blüte zur anderen bringen.

Zur Zeichnung: Verschiedene Blütenstände. Bei den meisten Laubbäumen bilden mehrere Blüten zusammen einen Blütenstand.
Nach der Art seiner Verzweigung und danach, ob die einzelnen Blüten (im Bild als Kreise dargestellt) ungestielt oder gestielt sind, unterscheidet man verschiedene Formen von Blütenständen.

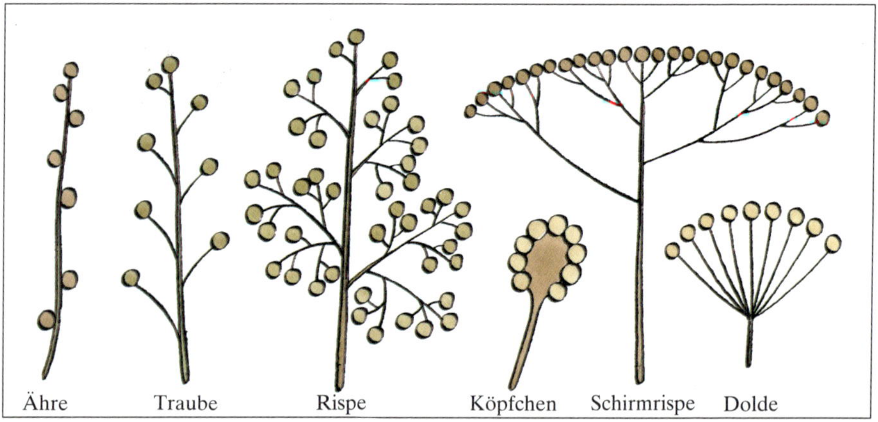

Bestäubung und Befruchtung

Männliche Blütenstände der Gewöhnlichen Esche.

Windbestäubung

Insekten sind durch das gezielte Aufsuchen der Blüten treffsichere Bestäuber. Der Erfolg der Windbestäubung ist dagegen viel stärker vom Zufall abhängig. Daß trotzdem die Mehrzahl unserer Laubbäume windblütig ist (zum Beispiel Eichen, Rotbuche, Hainbuche, Erlen, Birken, Ulmen), liegt daran, daß sie sich im Zuge der Evolution gut an diese Art der Bestäubung angepaßt haben.

Die wichtigste dieser Anpassungen ist wohl die Produktion ungeheurer Mengen von Pollen. Man muß nur einmal ein reifes männliches Kätzchen einer Erle ganz leicht mit dem Finger antippen, um einen Eindruck davon zu bekommen, welche Mengen an Pollenkörnern nur aus einem einzigen Blütenstand entlassen werden. Der ungehinderte Pollenflug von Baum zu Baum wird dadurch erleichtert, daß die meisten windblütigen Arten zu einer Zeit im Jahr blühen, zu der die Blätter noch gar nicht da sind oder sich gerade zu entfalten beginnen. Bei guten Witterungsverhältnissen können Pollen über große Distanzen verfrachtet werden. Die Wahrscheinlichkeit auf die Narbe einer Blüte der gleichen Art zu gelangen, nimmt aber mit zunehmender Entfernung rasch ab, so daß in der Regel Bäume windblütiger Arten durch Individuen aus ihrer Nachbarschaft bestäubt werden. Nach erfolgter Bestäubung kann der Pollen über den Griffel in das Innere des Fruchtknotens einwachsen. Dort kommt es zur Befruchtung der Eizelle und die Entwicklung von Samen und Frucht kann beginnen.

Zum Bild: Die Blütenstände der Gewöhnlichen Esche enthalten viele kleine, kelch- und kronblattlose Blüten. Bei der Esche gibt es neben zwittrigen rein männliche (hier im Bild) und rein weibliche Blüten.

Samen und Früchte

Die Frucht wird definiert als die Blüte im Stadium der Samenreife. In der Regel entwickelt sie sich aus dem Fruchtknoten. Die Fruchtknotenwand wird dabei zur Fruchtschale. Neben dem Fruchtknoten können aber auch andere Teile der Blüte, beispielsweise die Blütenachse, an der Bildung der Frucht beteiligt sein. Im Inneren der heranwachsenden Frucht entwickeln sich die Samen. Die Zahl der Samen pro Frucht ist von Art zu Art verschieden. Bei Eichen, Buchen, Erlen oder Birken enthält jede Frucht in der Regel nur einen Samen, die Spaltfrucht der Ahorne deren zwei, die Kapsel der Roßkastanie bis zu drei. Die Hülsen der Robinie oder Gleditschie enthalten viele Samen.

Fruchttypen

Nach ihrem Aufbau werden die Früchte in verschiedene Typen eingeteilt.

Balg
Die Balgfrucht ensteht aus einem einzigen Fruchtblatt und öffnet sich zur Reife an einer Längsnaht.

Hülse
Sie ist meist länglich, wird ebenfalls aus nur einem Fruchtblatt gebildet, öffnet sich aber meist zweiklappig an einer Bauch- und an einer Rückennaht. Typische Frucht der Hülsenfrüchtler (Beispiel: Robinie).

Kapsel
Sie wird aus mehreren, zur Reife trockenen, ledrigen oder verholzten Fruchtblättern gebildet und öffnet sich zur Reife mit Spalten (Beispiel: Weide, Paulownie).

Steinfrucht
Bei der Steinfrucht ist die Fruchtschale in verschiedene Schichten unterteilt. Ein innerer, harter, verholzter Steinkern umschließt die Samen und ist von einem oft fleischig-saftigen Fruchtfleisch umgeben (Beispiel: Vogelkirsche).

Nuß
Bei der Nuß ist die gesamte Fruchtschale verholzt und bildet eine mehr oder weniger harte Schale, die sich zur

Zum Bild: Weiblicher Blütenstand der Edelkastanie. Die weiblichen Blütenstände der Edelkastanie enthalten meist drei (seltener ein oder zwei) Blüten, deren auffälligstes Merkmal die fädigen, weißlichen Narben sind. Der Blütenstand wird an seiner Basis von einem Fruchtbecher mit lanzettlichen Schuppen umgeben.

Fruchtstand der Edelkastanie mit drei Kastanien (Maroni).

Reife nicht öffnet (Beispiel: Eiche).

Sammelfrüchte
Sammelfrüchte entstehen aus Blüten mit mehreren Fruchtknoten. Jeder davon entwickelt sich zu einer Teilfrucht, dem Früchtchen. Die Sammelfrucht fällt als Ganzes ab. Eine Sammel-Balgfrucht haben die Magnolien. Auch der Apfel ist eine Sammelfrucht, wobei das Fruchtfleisch von der Blütenachse gebildet wird.

Zum Bild: Aus dem kleinen weiblichen Blütenstand der Edelkastanie (→ Bild Seite 28) ist ein fast faustgroßer Fruchtstand geworden. Aus jeder Blüte hat sich eine glänzend braune Kastanie entwickelt, an ihrer Spitze sind noch Griffel und Narbe erkennbar. Der inzwischen derb stachelige Fruchtbecher umschließt die Kastanien bis zu ihrer Reife.

Wie Bäume „wandern"

Daß Bäume neue Lebensräume erobern können, überhaupt, daß sie nach der letzten Eiszeit aus ihren weit im Süden gelegenen Rückzugsgebieten wieder zurück nach Mitteleuropa „wandern" konnten, obwohl sie doch absolut ortsgebunden sind, beruht auf ihrer Fähigkeit, sich auszubreiten. Verbreitungseinheit sind entweder Samen oder Früchte, seltener auch ganze Fruchtstände.

Samenverbreitung durch Tiere
Schwere Früchte brauchen zu ihrer Verbreitung Tiere. Die Eiche beispielsweise würde wohl „auf der Stelle treten", wären da nicht Eichelhäher, Ringeltaube, Eichhörnchen und verschiedene Kleinsäuger. In Erwartung schlechter Zeiten sammeln sie alle fleißig Eicheln und legen damit viele kleine Vorratslager an, von denen sie aber im Winter gar nicht mehr alle finden, so daß sich dar-

aus im nächsten Frühjahr Eichensämlinge entwickeln können. Von der „Hähersaat" sprechen die Förster, wenn plötzlich im Wald einige Jungeichen fernab ihrer Eltern auftauchen. Angesichts solcher Dienste verwundert das schlechte Ansehen, das der als übler Nesträuber verschrieene Eichelhäher bei vielen Menschen noch immer besitzt. Vögel sind es auch, die Stein- und Apfelfrüchte, wie Kirschen, Vogel- oder Mehlbeeren verbreiten. Sie fressen die Früchte, scheiden aber die unverdaulichen Steinkerne oder Samen aus.

Samenverbreitung durch den Wind

Die andere Art der Verbreitung von Samen oder Früchten geht mit Hilfe des Windes. Weiden- und Pappelsamen sind nicht nur winzig klein, sondern überdies noch mit einem Haarschopf, der Samenwolle, versehen. Spielend leicht kann sie der Wind kilometerweit tragen. Sehr gut flugfähig sind auch die geflügelten und sehr leichten Früchte der Birken und Ulmen. Die schwereren Ahorn- und Eschenfrüchte haben einen einseitig zungenförmigen Flügel. Dieser verrringert nicht nur die Sinkgeschwindigkeit, sondern verursacht auch eine schraubige Flugbahn der Früchte, so daß sie je nach Windstärke mehr oder weniger weit weg vom Baum trudeln. Ganz ähnlich ist es bei den Linden. Nur sind es hier ganze Fruchtstände, die sich dank einer Flugvorrichtung vom Mutterbaum entfernen können. Ein Sonderfall ist die Schwarzerle. Ihre Früchte werden vom Wind und zu Wasser verbreitet. Letzteres wird durch luftgefüllte „Schwimmkissen" in der Fruchtschale ermöglicht.

Wann und wie oft blühen und fruchten Bäume?

Das Alter, in dem Bäume erstmals blühen und fruchten – man spricht von der „Mannbarkeit" oder „Blühbarkeit" der Bäume –, ist von Art zu Art verschieden. Dazu kommt, daß eine Vielzahl von Umweltfaktoren den Zeitpunkt der ersten Blüte beeinflußt. Allgemein blühen einzeln stehende Bäume (Soltäre) früher als ihre Artgenossen im geschlossenen Wald. Unter günstigen Bedingungen erreichen Pappeln, Weiden, Birken oder die Robinie oft schon im Alter von 10 Jahren ihre „Mannbarkeit", Buchen oder Eichen brauchen dafür 30 bis 40 Jahre. Viele Baumarten blühen und fruchten von Jahr zu Jahr unterschiedlich stark. Bei der Eiche oder der Buche gibt es gute Samenjahre, sogenannte Vollmasten, nur im mehr oder weniger unregelmäßigen Abstand einiger Jahre, während Weiden, Birken oder die Robinie in der Regel Jahr für Jahr blühen und fruchten. Allgemein kann man sagen, daß Baumarten umso früher fruktifizieren, je leichter ihre Samen oder Früchte sind. Lichtbaumarten fruchten meist eher als Schattenbaumarten, die öfters mal eine Pause einlegen. Oft kommt es auch vor, daß es trotz reichlich Blüten nur wenige oder gar keine Früchte gibt, da Spätfröste die Blüten zerstört oder anhaltend schlechtes Wetter die Bestäubung behindert haben.

Vermehrung ohne Samen

Viele Laubbäume können sich recht gut auch ohne Blüten und Samen fortpflanzen.

Wurzelbrut

Eine solche ungeschlechtliche (vegetative) Vermehrung ist die Wurzelbrut. Dabei entstehen an flachstreichenden Wurzeln Sprosse, die zu aufrechten, oberirdischen Trieben werden und sich mit der Zeit zu eigenständigen Individuen entwickeln können. Zitter- und Weißpappel, Grauerle, Kaukasische Flügelnuß und Robinie bilden häufig Wurzelsprosse. Dies oft so intensiv, daß wahre Dickichte um die Mutterbäume herum entstehen.

Die kleinen Nußfrüchte der Bergulme sind ringsum von einem häutigen Flügel umgeben.

Bewurzelung von Sprossen

Auch der umgekehrte Fall, daß sich Sprosse bewurzeln und daraus eigenständige Individuen entstehen, ist möglich. Gelegentlich kommt es vor, daß umgebogene oder herabgedrückte Äste oder Zweige eines Baumes bei längerem Bodenkontakt Wurzeln bilden. Bei der Bruchweide brechen dünne Triebe leicht ab und fallen, da diese Art in der Regel an Gewässern wächst, häufig ins Wasser. Stranden die fortgeschwemmten Zweiglein an einer geeigneten Stelle, so können sie sich bewurzeln und mit etwas Glück entsteht ein neuer Baum. In der gärtnerischen Praxis ist die Bewurzelung von Sprossen, die sogenannte Stecklingsbewurzelung, eine altbewährte Methode zur Vermehrung von Gehölzen. Bei der ungeschlechtlichen Vermehrung sind Mutterpflanze und sämtliche vegetativ aus ihr entstandenen Nachkommen erbgleich. Alle Individuen bilden zusammen einen Klon.

Zum Bild: Die Früchte vieler Laubbäume sind – als Anpassung an ihre Verbreitung durch den Wind – geflügelt. Solche Flügelfrüchte bieten dem Wind bei relativ niedrigem spezifischem Gewicht eine große Angriffsfläche, weshalb sie über weite Entfernungen verfrachtet werden können. Bei den Ulmen ist die kleine Nuß ringsum von einem häutig dünnen Flügel umgeben. Man bezeichnet diese Frucht deshalb auch als Scheibenflieger.

Aller Anfang ist schwer – die Keimung

Bäume produzieren in oft verschwenderischer Fülle Samen. Eine große Birke kann in einem guten Jahr mehr als eine Million Früchte tragen. Bei Laubbäumen mit schweren Früchten sind es zwar erheblich weniger, doch können in einem Buchenwald nach einer Vollmast immerhin bis zu 500 Bucheckern auf einem Quadratmeter Boden liegen. Daß das Gedränge dort nicht zu groß wird, dafür sorgt die Natur. Viele Samen enthalten gar keinen oder zumindest keinen lebensfähigen Embryo, sie sind „taub“. Vögel und Säugetiere, von der Maus bis zum Wildschwein, holen sich ihren Teil, nicht wenige Samen fallen Pilzen und Insekten zum Opfer. Von den übriggebliebenen werden auch nur jene keimen, die in einem „Keimbett“ gelandet sind, das ausreichend Wärme und Feuchtigkeit für die Keimung bietet.

Auf den richtigen Zeitpunkt kommt es an

Die Samen der Ulmen, Pappeln oder Weiden sind bereits im Frühjahr oder Frühsommer reif. Sie sind sofort keimfähig, bleiben dies aber nur kurze Zeit. Ganz anders Bucheckern, die im Herbst zu Boden fallen. Eine Keimung jetzt, wo täglich der erste Frost kommen kann, würde tödlich enden. Der Start ins Baumleben muß deshalb hinausgezögert werden bis ins kommende Frühjahr. Ermöglicht wird dies dadurch, daß die Samen vieler Baumarten unmittelbar nach ihrer Reife gar nicht keimen können. Eine solche Keimhemmung kann durch Stoffe im Samen oder im Fruchtfleisch bedingt sein, die erst über einen längeren Zeitraum hinweg abgebaut werden müssen, ehe die Keimung beginnen kann.

Die Geburt eines Baumes

Der im Samen ruhende Embryo weist bereits alle Organe des späteren Keimlings auf: eine Keimwurzel, einen Sproß mit den Keimblättern und eine Knospe an der Spitze. Erstes sichtbares Zeichen der Keimung ist das Erscheinen der Keimwurzel, die sich sofort dem Reiz der Schwerkraft folgend, nach unten krümmt und in den Boden eindringt. Danach streckt sich der Sproß und die ersten Blätter werden entfaltet. Bei der Mehrzahl der einheimischen Laubbäume sind das die beiden Keimblätter. Sie weichen in ihrer Form meist stark von den normalen Laubblättern ab, weshalb selbst eingefleischte Baumkenner immer wieder Schwierigkeiten haben, Baumkeimlinge zu erkennen. Bei manchen großfrüchtigen Baumarten wie Eiche, Walnußbaum, Edel- und Roßkastanie, bleiben die Keimblätter in der Fruchtschale eingeschlossen. Sie haben ausschließlich Speicherfunktion und ernähren den wachsenden Keimling bis er selbst dazu in der Lage ist. Auch der Mensch weiß sie zu schätzen. Schließlich verspeisen wir von einer Marone oder einer Walnuß im wesentlichen nichts anderes als deren fleischige und sehr schmackhafte Speicher-Keimblätter.

Zum Bild rechts: Keimlinge der Rotbuche. Nachdem die Wurzel den Keimling im Boden verankert hat, streckt sich der Sproß und die sich entfaltenden Keimblätter sprengen die Fruchtschale.

Knospen – Ruheform der jugendlichen Triebe

Alle Jahre im Frühjahr ist es ein faszinierendes Erlebnis, zu beobachten, wie rasch unsere Laubbäume ergrünen. Allzu leicht kann es passieren, daß man dieses Schauspiel der Natur verpaßt. Bei günstiger Witterung vergehen oft nur wenige Tage, bis sich beispielsweise eine Buche vollständig belaubt hat. Wie ist dieser Kraftakt möglich?
Die wärmende Frühlingssonne trifft die Bäume nicht unvorbereitet. Bereits im Vorjahr haben sie Blätter, Triebe und möglicherweise auch Blüten angelegt und winterfest in Form von Knospen verpackt.
Knospen sind nichts anderes als das stark gestauchte, kompakte Ruhe- oder Überwinterungsstadium des jugendlichen Sprosses. Es bedarf nur noch gewisser auslösender Reize – steigende Temperaturen und länger werdende Tage spielen hier eine Rolle –, und der fertig vorgebildete Sproß verläßt seine Startposition, sprengt die Umhüllung aus Knospenschuppen, beginnt sich zu strecken und entfaltet dabei seine Blätter.

Knospenschuppen schützen

Den Schutz der jungen, zarten Gewebe vor Austrocknung übernehmen die Knospenschuppen. Sie sind nichts anderes als umgewandelte Blattorgane. Bei der Esche beispielsweise entstehen sie aus dem Blattgrund. Sieht man sich einen frisch ausgetriebenen Eschenzweig

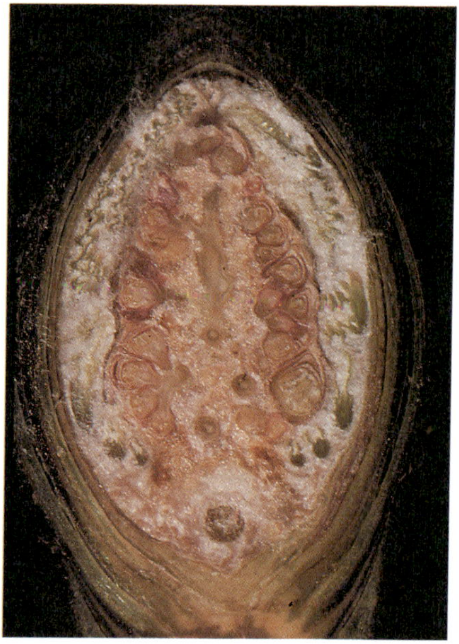

Knospenschuppen schützen

Zweig eines Bergahorns im Winter.

einmal genauer an, so kann man an der Basis oft sehr schön Übergangsformen zwischen reinen Knospenschuppen und dem normalen Eschen-Fiederblatt beobachten. Bei anderen Laubbäumen (zum Beispiel Buche, Eiche, Birke, Linde) werden die Knospenschuppen von Nebenblättern gebildet. Die Schutzwirkung der harten, pergamentartigen Schuppen wird oft durch Haare erhöht. Bei der Roßkastanie, vielen Pappeln,

Zu den Bildern links: Knospen der Roßkastanie. Die Roßkastanie ist im Winter leicht an ihren auffallend großen Winterknospen (links) zu erkennen. Die Knospenschuppen sind glänzend rotbraun und meist sehr klebrig.
Schneidet man eine Endknospe der Länge nach auf (rechts), so kann man in ihrem Inneren bereits im Winter den vorgebildeten Blütenstand erkennen.

Zum Bild: Bei diesem dick in Eis eingepackten Zweig eines Bergahorns sind an den Spitzen der einzelnen Triebe noch die Stiele der Fruchtstände zu sehen.

bei der Hängebirke und der Schwarzerle sind die Knospenschuppen von einem harzähnlichen, klebrigen Überzug bedeckt.
Die Zahl der Knospenschuppen ist je nach Baumart verschieden, kann aber auch innerhalb einer Art oder an einem Individuum schwanken. Typisch für Weiden ist, daß die Knospen von nur einer kapuzenförmigen Schuppe umhüllt werden. Relativ wenige Schuppen haben Platanen und Erlen, viele Schuppen dagegen Buchen, Eichen, Ulmen und Pappeln.
Eine Sonderform sind die sogenannten „nackten" Knospen, denen schützende Schuppen gänzlich fehlen (zum Beispiel

Austrieb einer Laubknospe des Spitzahorns.

Kaukasische Flügelnuß). Hier verhindert eine starke Behaarung der zusammengefalteten, noch kleinen Blättchen eine übermäßige Verdunstung.

Laub- und Blütenknospen

In einer Knospe können verschiedene Organe vorgebildet sein. Laubknospen (vegetative Knospen) enthalten nur den jugendlichen Sproß samt seinen Blättern, reine Blütenknospen (generative Knospen) ausschließlich Blüten. Bei der Ulme kann man die eher kugeligen Blütenknospen leicht mit bloßem Auge von den schlankeren, mehr kegelförmigen Laubknospen unterscheiden. Gemischte Knospen schließlich enthalten Sproß-, Blatt- und Blütenanlagen. Dies ist bei der Buche, der Eiche oder dem Bergahorn der Fall. Ganz egal, ob ein Baum für seine Blüten spezielle Knospen bildet oder nicht, die Entscheidung, ob und wie stark er blüht, fällt bereits in der Vegetationszeit vor der Blüte.

Zum Bild: Laubaustrieb beim Spitzahorn: Die Knospe hat sich geöffnet, die gegenständigen Knospenschuppen sind zurückgeschlagen, der jugendliche Trieb beginnt sich zu strecken und entfaltet seine Blätter.

Seiten- und Endknospen

Nach ihrer Stellung an der Sproßachse unterscheidet man zwischen Seiten- oder Achselknospen und Endknospen. Seitenknospen entstehen seitlich am Sproß in den Blattachseln, direkt über der Ansatzstelle des Blattstiels. Bei der Platane sind die Knospen in einer tütenförmigen Aushöhlung des Blattstiels verborgen und deshalb erst nach dem herbstlichen Blattfall sichtbar. Wie ihre Tragblätter stehen Seitenknospen wechselständig, zweizeilig oder gegenständig am Trieb. Die Knospe zuoberst an der Spitze eines Triebes ist die End- oder Terminalknospe.

Laubbäume im Winter bestimmen

Austreibende Laub- und Blütenknospen der Traubenkirsche.

Zum Bild: Man unterscheidet Laub- und Blütenknospen. Die Endknospe dieses Zweiges einer Traubenkirsche ist eine reine Laubknospe aus der sich ein Sproß mit Blättern, aber ohne Blüten entwickeln wird. Darunter zwei seitliche Blütenknospen. Aus jeder bricht gerade ein Blütenstand mit noch geschlossenen Blüten hervor.

Bäume bestimmen im Winter

Das Bestimmen sommergrüner Laubbäume im Winter, wenn sie kahl und blattlos dastehen, bereitet nicht selten Probleme. Eichen, Rot- oder Hainbuchen machen es einem vergleichsweise leicht, da sie oft noch im Winter ihre dürren Blätter tragen. Andere Baumarten behalten ihre Früchte noch relativ lange am Baum, so zum Beispiel Esche und Ahorn. Auch ein Blick auf die am Boden liegenden Blätter unter einem kahlen Baum kann, sofern sie auch wirklich von diesem Baum stammen, wertvolle Hinweise auf die Baumart geben, ebenso der Habitus und das Rindenbild. Will man aber bei der Bestimmung sicher gehen, so benötigt man in vielen Fällen einen Trieb mit den Knospen. Farbe und etwaige Behaarung der Triebe, das Vorkommen von Dornen und Korkwarzen, die Stellung der Knospen, ihre Größe, Form und Farbe, die Anzahl und die Form ihrer Schuppen und vieles mehr sind Merkmale, die in der Regel eine zuverlässige Artbestimmung erlauben. Es würde jedoch den Rahmen dieses Buches sprengen, wollte man für jede Art diese spezifischen Merkmale beschreiben und abbilden. Wer sich jedoch dafür interessiert, findet in der Sepzialliteratur die dafür notwendigen Beschreibungen und Hinweise.

Die Rinde – Haut des Baumes

Charakteristisch für Gehölze ist, daß Zweige, Äste und Stämme immer dicker werden. Verantwortlich für dieses Dickenwachstum ist das sogenannte Kambium, eine im Sproßquerschnitt ringförmige (→ Zeichnung unten), mikroskopisch dünne Schicht teilungsfähiger Zellen. Diese Schicht liegt genau zwischen Holz und Rinde und kleidet den gesamten Baumkörper vom Stamm über Äste und Zweige bis hin zu den Triebspitzen und ebenso die Wurzeln aus.
Das Kambium bildet nach innen Holz, dessen wichtigste Funktion neben der mechanischen Festigung der Pflanze der Transport von Wasser samt darin gelöster Nährstoffe von den Wurzeln hinauf zu den Blättern ist. Nach außen hin produziert das Kambium Bast, ein im Vergleich zum Holzkörper eher dünnes Gewebe. (Umgangssprachlich werden als Bast Pflanzenfasern bezeichnet. Viele Laubbaumarten haben in ihrer Rinde als Festigungselemente Bastfasern. Bei der Linde wurden diese früher als Bindematerial, vor allem im Gartenbau, genutzt). Der Bast erfüllt vor allem zwei wichtige Funktionen: den Ferntransport und die Speicherung von Assimilaten.
Assimilate sind die im Zuge der Photosynthese und der sich daran anschließenden Prozesse gebildeten Stoffe, hauptsächlich Kohlenhydrate. Die Assimilate müssen zum einen von den Produktionstätten, den grünen Blättern, dorthin verschafft werden, wo sie dringend benötigt werden, also in die wachsenden Sproßspitzen, Blüten, Samen und Früchte, zum anderen dorthin, wo sie bis auf weiteres als Reserve gelagert werden. Neben dem Holz von Ästen, Stamm und Wurzeln werden auch im Bast selbst Assimilate gespeichert.

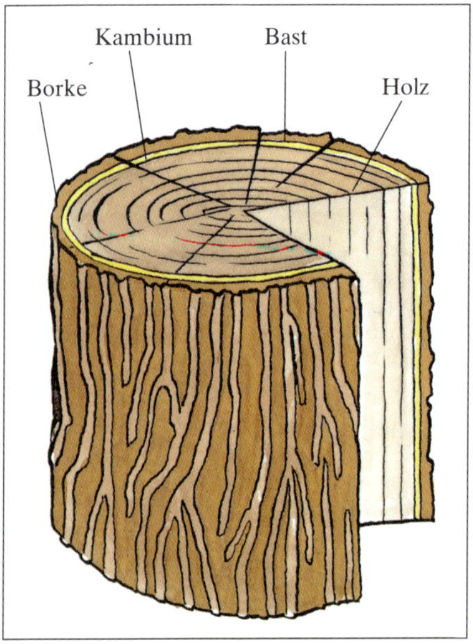

Zum Bild: Schnitt durch einen Baumstamm. Verantwortlich dafür, daß Bäume stetig dicker werden, ist eine nur hauchdünne Zellschicht zwischen Holz und Rinde. Dieses als Kambium bezeichnete Gewebe bildet nach innen das Holz und nach außen den Bast. Alles was außerhalb des Kambiums liegt, wird als Rinde bezeichnet.

Von der Rinde zur Borke

Rinde einer jungen Hängebirke.

Borke einer Hängebirke.

Zu den Bildern: Die Rinde, das „Gesicht" eines Baumes, wandelt sich im Laufe eines Baumlebens. Junge Birkenstämme haben eine leuchtend weiße, glatte Rinde mit dünnen, in Querbändern verlaufenden Korkwarzen. Stetig lösen sich von dieser Rinde hauchdünne Streifen ab (links). Mit zunehmendem Alter reißt diese Rinde auf, und es bildet sich eine harte, tief längsgefurchte Borke (rechts).

Rinde und Borke – was ist der Unterschied?

Als Rinde bezeichnet man alles Gewebe außerhalb des Kambiums. Neben dem Bast gehören dazu Gewebe, die dieses Leit- und Speichergewebe, aber auch und vor allem das zarte, empfindliche Kambium vor mechanischer Beschädigung ebenso wie vor schädigenden Einflüssen der Witterung schützen.

Der junge, noch grüne Trieb ist zunächst von einem dünnen, hautähnlichen Gewebe, der Epidermis, umgeben. Oft bereits nach wenigen Wochen, im Normalfall bis spätestens zum Ende der ersten Vegetationsperiode, verfärbt sich der Trieb braun oder grau, da die erste Schutzschicht durch ein anderes, korkreiches Abschlußgewebe ersetzt wird. Die Botaniker bezeichnen es als Korkrinde oder Periderm. In den meisten Fällen ist dieses Abschlußgewebe eine relativ dünne, mehr oder weniger glatte Rinde. Daß sie auch sehr dick werden kann, sieht man bei der Korkeiche, wo diese Rinde zur Korkgewinnung wirtschaftlich genutzt wird. Bei manchen Baumarten ist die Korkrinde an den Trieben und Zweigen leisten- oder flügelartig verstärkt. Solche Korkleisten sind typisch für den Feldahorn und die Feldulme.

Korkwarzen (Lentizellen), auf der Rinde meist als helle Pusteln, warzige Erhebungen oder als kurze Querstreifen er-

Apfelbaum, auf dessen Rinde sich Flechten angesiedelt haben.

Zum Bild: Die Rinde ist für viele Lebewesen wie Insekten, Pilze, Algen und Flechten, eine wichtige Lebensgrundlage. Man weiß bislang nur sehr wenig darüber, ob und wie sich Baum und die ihn besiedelnden Flechten gegenseitig beeinflussen.

kennbar, sind Poren, die den Gasaustausch durch die Rinde hindurch ermöglichen. Ihre Größe, Form, Anordnung und Häufigkeit sind oft gute Bestimmungsmerkmale.

Bei manchen Baumarten, so der Rot- und Hainbuche oder der Grauerle, bleibt die dünne, mehr oder weniger glatte Korkrinde auch am Stamm zeitlebens erhalten. Bei den meisten Bäumen jedoch reißt diese „zweite Haut" früher oder später infolge der durch das Dickenwachstum verursachten Umfangserweiterung vor allem am Stamm, aber auch an Ästen auf. Bevor dies geschieht, bildet die Pflanze in der bestehenden Rinde neue Schutzschichten. Die außerhalb dieser Schichten liegenden Rindenteile sterben daraufhin ab. Man bezeichnet diesen äußeren, meist rauhen, rissigen Teil der Rinde als Borke. Mit der Zeit, durch die wiederholte Anlage neuer Abschlußgewebe im Inneren der Rinde und die dadurch bedingte Abgliederung weiterer Rindenpartien, kann die Borke mehrere Zentimeter dick werden. Bei einigen Laubbäumen bleibt sie relativ dünn, einfach deshalb, weil die jeweils zu äußerst liegenden Borkenteile nach und nach abschuppen. Eine solche schuppig abblätternde Borke haben beispielsweise die Ahornblättrige Platane und der Bergahorn.

Kann man Laubbäume anhand ihrer Rinde bestimmen?

Rinde und Borke werden oft als das „Gesicht“ des Baumes bezeichnet. Rindenstrukturen und Rindenfarbe variieren von Baum zu Baum und wandeln sich im Laufe eines Baumlebens. Darüberhinaus verändern Außeneinflüsse die Rinde ständig, denn als äußerste Schutzschicht ist sie der Witterung direkt ausgesetzt. Zahlreiche Pflanzen und Tiere wie Algen, Pilze, Flechten oder Insekten leben auf, oft sogar von der Rinde. Umstürzende Bäume, Steinschlag, Rehe und Hirsche, aber auch der Mensch verursachen Rindenverletzungen, die dazu führen, daß Narben im „Gesicht“ des Baumes entstehen.
Dennoch sind Rinden in gewissen Grenzen arttypisch, so daß sie für die Bestimmung von Nutzen sein können. Schwarzerle und Grauerle zum Beispiel kann man meist schon aus der Entfernung gut an ihrem Rindenbild unterscheiden. Während die Schwarzerle sehr früh schon eine rissig schuppige, dunkle Borke bildet, behält die Grauerle oft ihr ganzes Leben lang eine dünne, silbergraue Rinde. Einfach ist es auch, anhand der Rinde eine Eiche von einer Birke zu unterscheiden. Sehr schwierig, oft sogar unmöglich ist es aber zu entscheiden, um welche Eichen oder Birkenart es sich handelt.

Rindentypen

Man kann die Laubbäume verschiedenen Rinden- bzw. Borkentypen zuordnen. Grauerle, aber auch die Rotbuche und Mehlbeere gehören zu den Arten mit zeitlebens glatter, dünner Rinde, die nur ausnahmsweise und im hohen Alter verborkt. Platane, Bergahorn und Roßkastanie bilden eine schuppig abblätternde Borke. Bei vielen Birken und der Vogelkirsche rollt sich die Rinde in feinen, papierenen Querstreifen ab, dies jedoch nur so lange, bis sich eine tiefrissige Borke bildet. Die Linden haben meist eine nicht sehr dicke, feinrissige, Stiel- und Traubeneiche, die Schwarzpappel oder die Robinie dagegen eine zumindest im Alter mächtige, tiefrissige Borke. Diese Einordnung in Typen scheitert allerdings oft daran, daß sie zum einen der großen Variation zwischen den Bäumen einer Art nicht ausreichend gerecht wird. Zum anderen ist es überhaupt sehr schwierig, die ganze Individualität der Rinden, ihre Vielfalt an Strukturen und Farben, in Worte zu fassen (→ Seite 42/43).

Zum Bild: Mit Korkwarzen besetzte Rinde einer Graupappel. Korkwarzen (Lentizellen) sind porenähnliche Durchbrechungen der Rinde, die dem Gasaustausch dienen. Oft haben sie eine artspezifische Form, Größe und Anordnung und können daher als Bestimmungsmerkmal dienen. Bei der Graupappel sind sie im typischen Fall rautenförmig.

Rinden von Laubbäumen

Ahornblättrige Platane

Hainbuche

Rotbuche

Götterbaum

Spätblühende Traubenkirsche

Vogelkirsche

Grauerle

Schwarzerle

Kaukasische Flügelnuß

Rinden von Laubbäumen

Gemeine Roßkastanie

Bergahorn

Feldahorn

Edelkastanie

Stieleiche

Winterlinde

Gewöhnliche Esche

Robinie

Schwarzpappel

Laubbäume im Jahreslauf

Unser Klima ist geprägt durch den rhythmischen Wechsel der Jahreszeiten. Einer Vegetationszeit im Sommerhalbjahr steht ein kalter Winter gegenüber.

Der Winter zwingt zur Ruhe

Will eine Pflanze die kalte Jahreszeit überdauern, muß sie sich vor Frost schützen. Dabei ist es nicht allein die Gefahr des Erfrierens, die den Pflanzen das Leben im Winter schwermacht, sondern – so paradox das auf den ersten Blick auch klingen mag – auch die winterliche Trockenheit. Hätte ein Laubbaum im Winter Blätter, so würden diese an Schönwettertagen mehr Wasser verdunsten, als bei gefrorenem Boden nachgeliefert werden kann. Die Folge wäre das Vertrocknen der Pflanze. Immergrüne Nadelbäume sind vor winterlicher Trockenheit dadurch geschützt, daß ihre Nadeln nur relativ wenig Wasser verdunsten. Die Laubbäume unserer Breiten haben da eine ganz andere Strategie entwickelt: Sie werfen einfach ihre Blätter vor Einbruch des Winters ab und ersetzen sie im Frühjahr durch neue – sie sind sommergrün und winterkahl.

Das Frühjahr beginnt

Für den Baum endet die winterliche Ruhepause lange bevor die Blätter erscheinen. Schon im Februar und März werden die im Vorjahr eingelagerten Reservestoffe mobilisiert und ebenso wie Wasser aus dem Boden hinauf bis in die letzten Triebspitzen transportiert. Die Bäume geraten „in Saft“. Wer genau hinschaut, kann jetzt schon feststellen, daß die Knospen anschwellen. Wann genau sie sich öffnen, hängt von verschiedenen Faktoren ab. Eine wesentliche Rolle spielen dabei die sich ändernde Tageslänge sowie die jeweilige Witterung.

Ausgesprochene Frühtreiber sind Salweide, Hängebirke und Moorbirke. Relativ spät erscheinen die Blätter beim Walnußbaum, der Gewöhnlichen Esche, unseren Eichen oder der Robinie.

Doch sind es oft nicht die Blätter, die als erste den Frühling künden. Die meisten einheimischen Laubbäume blühen be-

Zum Bild: Eine Rotbuche entfaltet ihre zartgrünen, dicht seidig weich behaarten Blätter. Dies geschieht beim einzelnen Baum so, daß die Krone von unten nach oben und von innen nach außen ergrünt. In einem Bestand belauben sich die Altbuchen später als die unter ihnen wachsenden Jungbuchen.

Blühender Zweig eines Walnußbaums mit männlichen Blütenkätzchen.

vor sie ihre Blätter entfalten oder doch zumindest während des Laubaustriebes, einfach deshalb, weil dadurch die Windbestäubung leichter möglich ist. (Die Salweide freilich, eines unserer ersten blühenden Gehölze, wird durch Bienen bestäubt!)

Zum Bild: Die Blüten des Walnußbaums erscheinen zusammen mit den Blättern, die kurz nach dem Austrieb oft rötlich gefärbt sind und erst mit zunehmendem Alter dunkelgrün werden.

Sommer – Zeit der Fruchtbildung

Das Frühjahr ist die eigentliche Zeit des Wachstums. Bis zum Sommer haben viele Bäume ihr jährliches Wachstum beendet oder doch zumindest gedrosselt. Der in den Blättern im Zuge der Assimilation produzierte Zucker wird nun entweder für die Bildung der Früchte verwendet oder der Baum legt Reserven für das kommende Jahr an.

Herbst – farbenfroher Abschied

Die Laubverfärbung ist sichtbares Zeichen dafür, daß das Blatt gealtert ist. Eiweiß- und Blattfarbstoffe werden abgebaut und vom Blatt in die Winterdepots transportiert. Das Verschwinden des Blattgrüns (Chlorophyll) läßt jetzt die anderen Blattfarbstoffe zum Vorschein kommen – die Blätter verfärben sich. Allerdings nicht bei allen Bäumen: Die Blätter der Schwarzerle und häufig auch die der Esche sind zur Zeit des Laubfalls noch immer grün. Auch die Abtrennung des Blattes überläßt der Baum nicht dem Zufall. Beizeiten hat er an der Basis des Blattstiels eine Trennschicht gebildet, eine Soll-Bruchstelle also, an der nun das Blatt, vom Herbstwind angestoßen, abbricht und zu Boden sinkt.

Zweig eines Bergahorns mit Früchten kurz vor ihrer Reife.

Laubbäume bestimmen

Für viele mag es genug sein, sich auf einer Waldwanderung oder auf einem Spaziergang durch einen Park einfach nur an der Schönheit der Bäume zu erfreuen. Denen, die wissen wollen, welchen Laubbaum sie gerade vor sich haben, soll der folgende Bestimmungsteil Rat geben. In Form von Steckbriefen sind die wichtigsten Erkennungsmerkmale der verschiedenen Laubbäume kurz dargestellt. Darüber hinaus erfährt der Leser Wissenswertes zu ihrer Biologie und Ökologie.
Bäume bestimmen erfordert stets, sie genauer zu betrachten. Wer sich diese Mühe macht, kann nicht nur seine Artenkenntnis erweitern, sondern wird Bäume überhaupt besser kennenlernen und immer wieder überraschende Einblicke in die faszinierende Vielfalt ihrer Formen und Lebensäußerungen gewinnen. Vielleicht wächst dadurch auch die Bereitschaft, auf sie Rücksicht zu nehmen.

Ratschläge und Tips fürs Bestimmen

Kennfarben-Code als Bestimmungshilfe
Im folgenden Bestimmungsteil sind die Laubbäume nach ihrem Blatt-Typ und der Blattstellung in drei Farbgruppen aufgeteilt:

Blauer Kennstreifen:
Auf den Seiten 50–71 finden Sie Laubbäume mit gefiederten Blättern. Das heißt, die Blattspreite dieser Blätter besteht aus mehreren, voneinander getrennten Blättchen.

Gelber Kennstreifen:
Auf den Seiten 72–87 finden Sie Laubbäume mit ungeteilten, gegenständigen Blättern. Das heißt, die Blattspreite besteht aus einem Teil, kann aber gelappt und tief eingeschnitten sein. An einem Knoten der Triebachse stehen sich immer zwei Blätter gegenüber.

Grüner Kennstreifen:
Auf den Seiten 88–143 finden Sie Laubbäume mit ungeteilten, wechselständigen Blättern. Das heißt, die Blattspreite besteht aus einem Teil, kann aber gelappt und tief eingeschnitten sein. An einem Knoten der Triebachse entspringt immer nur ein Blatt.

Die Auswahl der Arten
In diesem Naturführer finden Sie nahezu alle in Mitteleuropa einheimischen Laubbaumarten, zahlreiche hier als Wald- oder Zierbäume angebaute fremdländische Arten sowie eine Auswahl wichtiger Laubbäume Südeuropas. Unberücksichtigt blieben Laubgehölze, die zwar gelegentlich Baumform annehmen können, häufiger jedoch als Sträucher wachsen.

Die Steckbriefe
Innerhalb der drei Farbgruppen sind die verschiedenen Baumarten mit wenigen Ausnahmen gemäß ihrer Zugehörigkeit zu höheren systematischen Einheiten (Gattung, Familie) geordnet. Den eigentlichen Steckbriefen ist in vielen Fällen ein Text vorangestellt, der gemeinsame Merkmale dieser Einheiten beschreibt (in der Regel die Gattung). In diesen Fällen empfiehlt es sich, neben dem Steckbrief einer Art auch die Kurzcharakteristik der Gruppe zu lesen. So werden zum Beispiel mehrere Arten aus der Gattung der Ulmen (→ Seite 124–126) beschrieben. Woran man eine Ulme erkennen kann und Wissenswertes zu den Ulmen allgemein erfährt der Leser in dem einleitenden Text, der den Steckbriefen der verschiedenen Ulmenarten vorangestellt ist.
Die Beschreibungstexte der Steckbriefe enthalten knappe und genaue Angaben, die die Identifizierung der Art ermöglichen.
Pflanzennamen: Zu Beginn eines jeden Steckbriefes steht der deutsche Artname; in einigen Fällen sind auch gebräuchliche Zweitnamen genannt. Danach folgt der wissenschaftliche Artname. Die Pflanzenfamilie, zu der die betreffende Art gehört, ist auf der Seite oben in der Kopfzeile angegeben.
Jeder Steckbrief gliedert sich in folgende Punkte:
Gestalt: Angegeben ist hier die Baumhöhe, die von der betreffenden Art (beste Standortsbedingungen vorausgesetzt) erreicht werden kann. Dazu kommt die Angabe, ob es sich um eine sommer- oder immergrüne Baumart handelt. (Fehlt diese Angabe hier, so ist sie in der Kurzbeschreibung der Gattung enthalten.)
Blätter: Wichtige Erkennungsmerkmale liefern stets die Laubblätter. Sie sind deshalb detailliert beschrieben. Die hierfür nötigen Fachausdrücke sind auf den Seiten 20–23 erklärt.

Erläuterungen zum Bestimmungsteil

Blüten: Blüten und Blütenstände der Laubbäume können wichtige Artmerkmale aufweisen. Das Problem ist, daß man sie nur selten zur Verfügung hat, da Bäume, wenn überhaupt, nur eine kurze Zeitspanne im Jahr blühen. Zudem bilden viele Bäume nur in den obersten Kronenpartien ihre Blüten. Die Zeit des Jahres, zu der eine Art normalerweise blüht, ist durch römische Ziffern angegeben (I – XII = Januar bis Dezember).
Erläuterungen zum Bau der Blüten und Blütenstände finden Sie auf den Seiten 24–27.
Früchte: Die römischen Ziffern geben die Zeit der Fruchtreife an.
Mit den gleichen Einschränkungen wie bei den Blüten können Früchte (Art, Anordnung, Form, Farbe, Größe; → Seite 28–31) zur Artbestimmung dienen. Bei vielen Arten bleiben die reifen Früchte den Winter über am oder unter dem Baum, so daß sich mit ihrer Hilfe oft sogar im unbelaubten Zustand die Baumart bestimmen läßt.
Rinde: Die Rinde eines Baumes ist das ganze Jahr über sichtbar. Eine sichere Artbestimmung allein anhand der Rinde ist allerdings nur bei ganz wenigen Arten möglich und erfordert viel Erfahrung. Zu beachten ist außerdem, daß sich bei den meisten Arten die Rinde eines Baumes im Laufe seines Lebens stark wandelt (→ Seite 38–43).
Verbreitung: Hier ist das natürliche Verbreitungsgebiet (Areal) einer Baumart angegeben. Bei Baumarten, die in Mitteleuropa zwar nicht einheimisch sind, aber angebaut werden, ist dies eigens vermerkt.
Standort: Unter diesem Stichwort stehen Angaben zur Ökologie einer Baumart, so zum Beispiel wo sie häufig vorkommt, welche Böden sie bevorzugt besiedelt, ob es sich um eine Schatten- oder Lichtbaumart handelt und wie stark sie durch Frost oder Dürre gefährdet ist.
Bestimmungshinweis: Genannt werden die wichtigsten Bestimmungsmerkmale einer Art, insbesondere die Unterscheidungsmerkmale zu ähnlichen Arten.
Wissenswertes: Dieser Absatz ergänzt den Steckbrief mit Wissenswertem über die Baumart, zum Beispiel Qualität und Nutzung des Holzes, Nutzung der Früchte, Krankheiten.

Die Farbfotos

Die Farbfotos im Steckbriefteil zeigen bei den meisten Arten den Habitus des Baumes und zum Bestimmen wichtige Details, wie Laubblätter, Blüten, Früchte oder Rinde.

Was Sie beim Bestimmen beachten müssen

Um einen Baum wirklich zuverlassig bestimmen zu können, sollten stets mehrere Merkmale berücksichtigt werden.
Die typische Form und Größe der Blätter erkennt man am besten an den Blättern von Seitenzweigen eines Baumes. Blätter von Stockausschlägen, Wasserreisern und sehr kräftig gewachsenen Schößlingen sind oft untypisch.
Farbbilder und Steckbriefe ermöglichen es, die Baumarten im belaubten Zustand zu bestimmen. In der Regel läßt sich mit einiger Übung aber auch ein Baum im winterkahlen Zustand bestimmen. Dazu sind vor allem Merkmale des Triebes und der Winterknospen nötig. Von allen Baumarten auch noch diese Merkmale vorzustellen, hätte den Rahmen dieses Buches jedoch gesprengt. Das Kapitel „Die Knospen – Ruheform der jugendlichen Triebe" (→ Seite 34–37) führt aber in die Möglichkeiten und die Problematik der Bestimmung winterkahler Laubbäume ein.

Silhouetten

 Fiederblätter

 Ungeteilte, gegenständige Blätter

 Ungeteilte, wechselständige Blätter

Abkürzungen

mm, cm, m	Größenangaben in den Steckbriefen – Wuchshöhe, Blattlänge, Blüten- und Fruchtgröße
♂	männlich
♀	weiblich

Kennfarbe Blau

Laubbäume mit gefiederten Blättern

In dieser Gruppe werden Laubbäume mit Fiederblättern vorgestellt. Das heißt, die Blattspreite besteht aus mehreren, voneinander getrennten Teilblättern, den Fiedern.

Eberesche

Gemeine Roßkastanie

◁ Der Geweihbaum hat riesige, doppelt gefiederte Blätter.

Walnußbaumgewächse

Walnußbaum

Die Nußbäume

Die Familie der Walnußbaumgewächse (*Juglandaceae*) enthält 7 oder 8 Gattungen mit etwa 60 Arten. Dabei handelt es sich ausschließlich um sommergrüne Holzgewächse (Bäume oder Sträucher) mit wechselständigen, unpaarig gefiederten Blättern. Die eingeschlechtigen Blüten sind einhäusig verteilt. Die Frucht ist eine Nuß- oder Steinfrucht. Verbreitet sind die Walnußbaumgewächse in den gemäßigten Gebieten der nördlichen Halbkugel.

Der Walnußbaum ist bei uns eigentlich nicht einheimisch, wohl aber seit langem eingebürgert. Die ursprüngliche Heimat ist der Südwesten Asiens sowie das östliche Mittelmeergebiet. Wahrscheinlich brachten ihn die Römer zu uns.

Die wohlschmeckenden, ölreichen Samen werden entweder direkt verzehrt oder man gewinnt durch Auspressen das sogenannte Nußöl, das als Speise- oder Brennöl oder als Ausgangsmaterial für Ölfarben verwendet wird. In guten Jahren können von einem großkronigen Baum bis zu 150 Kilogramm Nüsse geerntet werden.

Nußbaumholz gilt unter den bei uns vorkommenden Holzarten als das wertvollste. Es hat eine dem Eichenholz vergleichbare Festigkeit, ist gut bearbeitbar und dabei wegen seines lebhaft gefärbten, dunklen Kerns äußerst dekorativ. Nußbaumholz findet vor allem in der Möbelherstellung sowie im Innenausbau Verwendung. Daneben ist es von Drechslern und Schnitzern sehr gefragt und gilt als das beste Holz für Gewehrschäfte.

Walnußbaumgewächse

Walnußbaum, junge Früchte

Walnußbaum, Blätter

Walnußbaum, männliche Blütenstände

Der Walnußbaum wird hauptsächlich wegen seiner Früchte angepflanzt. Er braucht tiefgründige, nährstoffreiche Böden in spätfrostgeschützen Lagen, da die Blüten sehr empfindlich sind. In größerem Umfang lohnt sich die Kultur des Walnußbaumes nur in klimatisch milden Lagen (Weinbauklima).

Walnußbaum

Juglans regia L.

Gestalt: Bis 25 m.

Blätter: 20–45 cm lange Fiederblätter mit 5–9 (in der Regel 7) meist ganzrandigen, ovalen, bis 15 cm großen Teilblättern, das Endblättchen gestielt und größer als die seitlichen.

Blüten: IV, V. ♂ Blüten in dickwalzigen, bis 15 cm langen Kätzchen an vorjährigen Trieben; ♀ in ein- bis fünfblütigen Ständen an der Spitze beblätterter Triebe, jede Blüte mit 2 großen, gekrümmten Narben.

Früchte: IX, X. 4–5 cm, kugelig bis oval. Fruchtschale glatt, anfangs grün, später braun, zur Reifezeit aufplatzend. Steinkern („Nuß") hellbraun, hart, seicht gefurcht.

Rinde: Hell- bis dunkelgrau, Borke längsrissig.

Verbreitung: Südwestasien und östliches Mittelmeergebiet. In weiten Teilen Süd-, West- und Mitteleuropas eingebürgert.

Standort: Von der Ebene bis in mittlere Berglagen. Bevorzugt auf tiefgründigen, frischen, nährstoff- und kalkreichen Böden. Lichtbaumart.

Wissenswertes: Vom Walnußbaum gibt es verschiedene Kultursorten, die in der Regel durch Pfropfung vermehrt werden.

Bestimmungshinweis: Leicht zu erkennen an den wechselständigen Fiederblättern mit ganzrandigen Teilblättern, die vom Blattstiel hin zur Spitze deutlich größer werden. Die Blätter riechen beim Zerreiben ebenso wie die grünen Schalen der Früchte stark aromatisch. Während des Laubaustriebes sind die Blätter meist rötlich.

Walnußbaumgewächse

Schwarznußbaum

Schwarznußbaum, Blatt

Schwarznußbaum, Früchte

Schwarznußbaum

Juglans nigra L.

Gestalt: Bis 45 m.

Blätter: 30–60 cm große Fiederblätter mit 11–21 lanzettlichen, fein gesägten Teilblättern, oft ohne Endblättchen. Die mittleren Blättchen eines Blattes sind die größten. Blattstiel behaart.

Blüten: IV, V. ♂ Blüten in 7–12 cm langen Kätzchen an vorjährigen Trieben, ♀ zu 2–5 an der Spitze beblätterter Triebe.

Früchte: 4–5 cm, kugelig, mit dicker, rauher, gelblichgrüner bis brauner Schale, die bei der Reife nicht aufplatzt. Steinkern schwarz, dickschalig, sehr hart, grob längs gefurcht.

Rinde: Borke tief längsrissig, dunkelbraun bis schwärzlich.

Verbreitung: Östliches Nordamerika. In Mitteleuropa vor allem in Parks.

Standort: Bevorzugt tiefgründige, nährstoffreiche, gut wasserversorgte Böden. Spätfrostgefährdet. Lichtbaumart.

Wissenswertes: In seiner Heimat ist das Holz eines der begehrtesten Laubhölzer. Es wird ähnlich wie das des Walnußbaums vor allem für Möbel und Furniere genutzt und wird auch in Europa hoch bezahlt. Ideale Standorte für den forstlichen Anbau bei uns sind gute Auenböden in milder Klimalage. Der Samen ist eßbar, jedoch umgeben von einer knochenharten, schwer zu öffnenden Schale.

Bestimmungshinweis: Im Unterschied zum Walnußbaum (→ Seite 53) größere Fiederblätter mit mehr Teilblättern. Diese lanzettlich, am Rand fein gesägt, die mittleren Blättchen sind jeweils die größten. Im Unterschied zur Kaukasischen Flügelnuß Blattstiele behaart.

Kaukasische Flügelnuß

Kaukasische Flügelnuß, Früchte

Kaukusische Flügelnuß, Blätter

Die Kaukasische Flügelnuß beeindruckt vor allem durch ihre mächtige, kuppelförmige Krone, aber auch durch die langen Fruchtstände mit den kleinen, geflügelten Nüssen. Dieser beliebte, meist mehrstämmige Zierbaum bevorzugt tiefgründige, frische Böden und die Nähe von Gewässern.

Kaukasische Flügelnuß

Pterocarya fraxinifolia Spach
Gestalt: Bis 30 m, meist mehrstämmig.
Blätter: Bis 60 cm lange Fiederblätter mit 11–25 lanzettlichen, am Rand gesägten Teilblättern. Blattstiel kahl.
Blüten: IV, V. In hängenden Kätzchen. ♂ Kätzchen gelblich, 6–14 cm lang, ♀ Kätzchen bis 20 cm lang.
Früchte: X. 30–60 cm lange, hängende Fruchtstände mit zahlreichen geflügelten, 1,5–2,5 cm breiten, hellgrünen Nüssen.
Rinde: Dunkelgrau, längsrissig (→ Bild Seite 42).
Verbreitung: Kaukasus, Nordpersien. In Mitteleuropa in Parks.
Standort: Bevorzugt auf frischen bis feuchten Böden.
Wissenswertes: Die Kaukasische Flügelnuß mit ihrer dicht belaubten, kuppelförmigen Krone ist in Parkanlagen vor allem in der Nähe von Gewässern ein beliebter Zierbaum. Auffallend ist die intensive Bildung von Wurzelsprossen. Nicht selten bilden diese einen dichten Jungwuchs unter den Kronen der Altbäume.
Bestimmungshinweis: Typisch sind die langen, hängenden Fruchtstände mit kleinen, geflügelten Nüssen, die oft noch im Winterhalbjahr am Baum zu sehen sind. Sie haben wenig Ähnlichkeit mit den Früchten anderer Walnußbaumgewächse. Die Winterknospen haben keine Knospenschuppen, die seitlichen Knospen sind deutlich gestielt.
Eine sehr ähnliche, gelegentlich in Parks angebaute Art, die **Japanische Flügelnuß** *(Pterocarya rhoifolia)* hat kleinere Blätter und Winterknospen mit 2 oder 3 Knospenschuppen.

Bitterholzgewächse

Götterbaum

Götterbaum, Blätter

Götterbaum, Früchte

Götterbaum

Ailanthus altissima Swingle
Gestalt: Bis 25 m. Sommergrün.
Blätter: Wechselständig. Große, 40–60 (–90) cm lange Fiederblätter mit 9–25 (–41) lanzettlichen Teilblättern. Diese bis 12 cm lang, im unteren Drittel wenige große Zähne, sonst ganzrandig.
Blüten: VI, VII. Zwittrig oder eingeschlechtig. Kleine, grünweiße Blüten in aufrechten, bis 25 cm langen Rispen.
Früchte: IX, X. 3–5 cm lange Nüsse in dichten Büscheln. Samen in der Mitte eines zweiseitig verlängerten, gedrehten Flügels.
Rinde: Glatt, mit feinen, hellen Längsstreifen, nur selten etwas rissig (→ Bild Seite 42).
Verbreitung: Ostasien. In Süd- und wärmeren Teilen Mitteleuropas Parkbaum, oft verwildert.
Standort: Licht- und wärmebedürftig; sonst anspruchslos.
Wissenswertes: Der Götterbaum ist heute in fast allen wärmeren Gebieten der Erde anzutreffen. Ursprünglich meist als Parkbaum angepflanzt, verwildert er stets sehr schnell. Dabei kommt ihm seine Raschwüchsigkeit, seine reiche Fruchtbildung und die stark entwickelte Fähigkeit, Wurzelsprosse zu bilden, zugute. Da er gegen Trockenheit und Abgase weitgehend unempfindlich ist, gedeiht er oft noch in innerstädtischen Gebieten, wo sonst nurmehr wenige andere Baumarten überleben.
Bestimmungshinweis: Leicht zu erkennen an den riesigen Fiederblättern mit Teilblättern, die an der Basis einen oder wenige große Zähne haben. Zerrieben riechen die Blätter und auch die Blüten unangenehm.

Ahorngewächse

Eschenahorn, Blatt

Blühender Eschenahorn

Eschenahorn, Spaltfrüchte

Der Eschenahorn ist bei uns ein sehr weit verbreiteter, in zahlreichen Gartenformen kultivierter Zierbaum. Beliebt sind vor allem Sorten mit unregelmäßig breit weiß gerandeten (panaschierten) Blättern. Nachteilig beim Eschenahorn ist, daß die Äste und Zweige bei Wind leicht abbrechen.

Eschenahorn

Acer negundo L.

Gestalt: Bis 23 m, oft mehrstämmig. Sommergrün.
Blätter: Gegenständig. Fiederblätter mit 3–7 Teilblättern. Diese 5–10 cm lang, zugespitzt, meist unregelmäßig grob gesägt, das Endblättchen oft dreilappig.
Blüten: III, IV. Zweihäusig verteilt. Gelbgrün. ♂ Blüten in dichten Büscheln, ♀ in hängenden Trauben.
Früchte: VII, VIII. Spaltfrüchte mit schlanken Nüssen. Teilfrüchte bilden spitzen Winkel, die Flügel oft einwärts gekrümmt.
Rinde: Graubraune, flachrissige Borke.
Verbreitung: Nordamerika. In Europa in Parks, gelegentlich verwildert.
Standort: Relativ lichtbedürftig. Von Natur aus eher auf feuchten bis nassen Böden.
Wissenswertes: Der Eschenahorn bildet meist nur einen kurzen Stamm oder ist überhaupt mehrstämmig. Die für Ahorne typischen Spaltfrüchte findet man nicht bei allen Individuen, da die Art, anders als unsere Ahorne, stets zweihäusig ist.
Außer dem Eschenahorn gibt es noch einige asiatische Ahornarten mit gefiederten Blättern. Forstlich spielt der „boxelder", wie die Amerikaner diesen Baum nennen, praktisch keine Rolle.
Bestimmungshinweis: Leicht zu erkennen an der Kombination von Ahorn-Spaltfrüchten und gegenständigen, eschenähnlichen Fiederblättern mit meist 5 unregelmäßig und grob gesägten Teilblättern. Die Triebe sind oft erbsengrün und abwischbar bereift.

Eberesche mit Früchten

Eberesche, Blatt

Eberesche, Blüten

Eberesche, Vogelbeere
Sorbus aucuparia L.
Gestalt: Baum oder Strauch, bis 16 m. Sommergrün.
Blätter: Wechselständig. 10–20 cm lange Fiederblätter mit 9–19 lanzettlichen Teilblättern, am Rand scharf gesägt, unterseits graugrün, behaart oder kahl.
Blüten: V, VI. In schirmförmigen Rispen, etwa 1 cm breit, weiß, 2–4 Griffel.
Früchte: VII–X. In dichten Büscheln, fast kugelig, 7–10 mm groß, leuchtend rot.
Rinde: Glatt, glänzend grau, mit länglichen, quergestellten Lentizellen. Selten mit einer längsrissigen Borke.
Verbreitung: Europa, Westsibirien, Kleinasien, Kaukasus.
Standort: Von der Ebene bis zur Waldgrenze. Laub- und Nadelwälder, Waldlichtungen, Weg- und Waldränder. Anspruchslos. Licht- bis Halbschattenbaumart.
Wissenswertes: Die Eberesche ist eine extrem anspruchslose Holzart. Die Früchte, die oft bis weit in den Winter am Baum bleiben, sind eßbar, schmecken aber roh wegen des hohen Gehaltes an Gerbstoffen, Apfelsäure und Bitterstoffen herb sauer bis bitter. Die sogenannte **Süße Eberesche** (Varietät *edulis*) hat besonders große Früchte, die arm an Bitterstoffen, aber reich an Zucker und Vitamin C sind.
Bestimmungshinweis: Die Eberesche ähnelt dem Speierling läßt sich aber anhand der Rinde, der Blüten und der Früchte unterscheiden. Ferner sind die Winterknospen der Eberesche meist dunkelviolett und weißfilzig behaart, die des Speierlings glänzend grün, klebrig und höchstens an den Schuppenrändern etwas behaart.

Speierling, Blatt

Speierling, Früchte

Speierling

Speierling

Sorbus domestica L.
Merkmale zur Unterscheidung von der Eberesche:
Gestalt: Bis 23 m.
Blätter: Unterseits meist behaart.
Blüten: Größer (etwa 1,5 cm breit), meist 5 Griffel.
Früchte: Kugelig bis birnförmig, 1,5–3 cm groß, reif gelb bis braun, oft rotwangig.
Rinde: Anfangs durch runde Lentizellen rauh. Frühe Bildung einer graubraunen, rissig gefelderten Borke.
Verbreitung: Mittelmeergebiet, südwestliches Mitteleuropa.
Standort: Wärmeliebende Art, vor allem in Eichenmischwäldern, oft auf Kalk.
Wissenswertes: Der Speierling, als wärmeliebende Pflanze von Natur aus bei uns eher selten, ist eine alte Kulturpflanze. Das schwere, feinfaserige und elastische Holz eignet sich ideal für Tischler- und Drechslerarbeiten.
Die gerbstoffreichen Früchte waren ein geschätztes Obst (roh sind sie erst im überreifen, teigigen Zustand eßbar!), aber auch ein verbreitetes Heilmittel (z.B. gegen Ruhr und Durchfall). Die Zugabe kleiner Mengen Speierlingssaft zum Apfelmost klärt den Apfelwein, verleiht diesem größere Haltbarkeit und verbessert seinen Geschmack.
Viele dieser Vorzüge sind in Vergessenheit geraten. Als Folge davon ist der Speierling sehr selten geworden, vielerorts ist diese Art sogar schon vom Aussterben bedroht.
Bestimmungshinweis: Der Speierling ähnelt der Eberesche, kann jedoch anhand der Rinde, der Blüten und der Früchte von dieser unterschieden werden.

Robinie, Zweig mit Früchten

Die Hülsenfrüchtler

Die Hülsenfrüchtler sind mit über 10 000 Arten eine sehr große, weltweit verbreitete Gruppe im Pflanzenreich. Gemeinsames Merkmal ist die Hülsenfrucht. Sie entwickelt sich aus nur einem Fruchtblatt, enthält meist mehrere Samen und öffnet sich zur Reifezeit an zwei Längslinien (bei einigen Arten fallen die reifen Hülsen ungeöffnet ab). In der Regel sind die Blätter wechselständig und gefiedert. Hülsenfrüchtler sind Bäume, Sträucher oder krautige Pflanzen, unter ihnen viele wichtige Kulturpflanzen (z.B. Kleearten, Bohne, Sojabohne, Erdnuß). Die meisten Arten haben an den Wurzeln Knöllchen, in denen die sogenannten Knöllchenbakterien (*Rhizobium*-Arten) leben. Diese Symbiose mit Bakterien ermöglicht der Pflanze die Bindung von Luftstickstoff, weshalb viele Hülsenfrüchtler sich ideal zur Gründüngung eignen. Nach ihrem Blütenbau unterteilt man die Hülsenfrüchtler in die Familie der Schmetterlingsblütler (*Fabaceae*) mit den typischen Schmetterlingsblüten (Robinie, Perlschnurbaum), in die Familie der Johannisbrotgewächse (*Caesalpiniaceae*) mit meist schwach zygomorphen Blüten (Johannisbrotbaum, Gleditschie, Geweihbaum) und in die Familie der Mimosengewächse (*Mimosaceae*) mit meist radiären Blüten (Silberakazie). Bäume dieser drei Gruppen sind vor allem in den Tropen weit verbreitet und von großer Bedeutung, in Mitteleuropa gibt es keinen einheimischen Vertreter, den man als richtigen Baum bezeichnen kann.

Robinie, Blätter

Robinie, Blüten

Robinie

Robinie, Falsche Akazie
Robinia pseudoacacia L.
Gestalt: Bis 30 m. Sommergrün.
Blätter: Unpaarig gefiedert, 20–30 cm lang, mit 7–19 dünnen, ovalen, ganzrandigen Teilblättern. Blattstiel an der Basis meist mit 2 Dornen.
Blüten: V, VI. Weiße Schmetterlingsblüten in hängenden Trauben.
Früchte: IX, X. Hülsen braun, flach, 5–11 cm lang.
Rinde: Frühe Bildung einer dicken, tiefgefurchten, graubraunen Borke (→ Bild Seite 43).
Verbreitung: Östliches Nordamerika. In Europa eingebürgert.
Standort: Warme Lagen des Tief- und Hügellandes. Anspruchslos. Lichtbaumart.
Wissenswertes: Die Robinie wurde bereits Anfang des 17. Jahrhunderts nach Europa eingeführt und hat sich in der Folgezeit schnell ausgebreitet. Sie ist raschwüchsig, bildet Wurzelsprosse und reichert mittels Wurzelbakterien den Boden mit Stickstoff an. Deshalb eignet sie sich zur Aufforstung von Ödländereien sowie zur Böschungssicherung. Die intensiv duftenden, nektarreichen Blüten sind eine hervorragende Bienenweide. Das Holz mit gelbgrünem bis braunem Kern ist schwer, hart, elastisch und zäh. Wegen seiner hohen natürlichen Dauerhaftigkeit eignet es sich vor allem zur Herstellung wetterexponierter Gegenstände (Pfähle, Zaune). Die meisten Teile der Robinie sind giftig!
Bestimmungshinweis: Vor allem kräftige Triebe dicht mit paarigen Dornen (umgewandelte Nebenblätter) besetzt. Winterknospen nicht sichtbar, da unter den Blattnarben verborgen.

Johannisbrotbaum

Johannisbrotbaum

Ceratonia siliqua L.

Gestalt: Baum oder Strauch, bis 10 m. Immergrün.
Blätter: 10–20 cm lange, paarige Fiederblätter mit 6–10 ovalen, ganzrandigen, ledrigen, oberseits glänzend dunkelgrünen Teilblättern.
Blüten: VIII–X. Einhäusig verteilt. Aufrechte, kätzchenförmige Blütenstände, meist zu mehreren an älteren Zweigen.
Früchte: III, IV. Hülsen 10–20 cm lang, schwarzbraun, fallen reif als Ganzes ab.
Verbreitung: Als alte Kulturpflanze im ganzen Mittelmeergebiet verbreitet.
Standort: Hartlaubwälder trockener, steiniger Lagen; oft auf Kalk. In Mitteleuropa nicht winterhart.
Wissenswertes: Der Johannisbrotbaum ist eine der ganz charakteristischen Pflanzen des Mittelmeergebietes. Die zucker-, stärke- und eiweißreichen Früchte sind eßbar und bleiben bei der Reife geschlossen. Das süßliche Fruchtfleisch ist anfangs weich, später hart. Für die Ernährung des Menschen spielen die Hülsen nurmehr indirekt als Viehfutter eine größere Rolle. Die harten, braunen Samen verwendete man früher als Gewichtsmaß. Daraus entwickelte sich das heute noch bei Edelsteinen übliche „Karat".
Bestimmungshinweis: Gute Erkennungsmerkmale sind die derben, glänzend dunkelgrünen, paarigen Fiederblätter und die schokoladenbraunen Hülsen. In der braunen, verdorrten Sommerlandschaft rund um das Mittelmeer fallen die kuppelförmigen, sattgrün und dicht belaubten Kronen meist schon von weitem auf.

Johannisbrotbaum, Früchte

Silberakazie, Blüten

Silberakazie

Silberakazie
Acacia dealbata Link
Gestalt: Bis 30 m. Immergrün.
Blätter: Doppelt gefiedert, 8–14 cm lang. Bis 18 Fiederpaare erster Ordnung; jede Fieder aus vielen, 3–4 mm großen, länglichen, silbergrau behaarten Blättchen zusammengesetzt.
Blüten: I–IV. In kleinen, kugeligen, leuchtend gelben Köpfchen; diese in großen Rispen; duftend.
Früchte: Flache, rotbraune Hülsen.
Rinde: Silbergrau, glatt.
Verbreitung: Südöstliches Australien. In Südeuropa Zierbaum.
Standort: Anspruchslos, erträgt Trockenheit.
Wissenswertes: Die Silberakazie ist in Südeuropa ein beliebtes Ziergehölz und erreicht hier im günstigsten Fall Höhen von 20 m. In Mitteleuropa ist sie nicht winterhart, die gelben Blüten werden aber alljährlich gegen Ende des Winters als „Mimosen" in unseren Blumengeschäften angeboten. Zu den Akazien gehören rund 700–800 überwiegend tropische Gehölzarten. Von großer Bedeutung ist die Gattung in Trockenwaldgebieten Australiens und Afrikas.
Bestimmungshinweis: Ähnlich ist die aus Asien stammende **Seidenakazie,** auch **Persische Akazie** oder **Schlafbaum** genannt *(Albizia julibrissin),* ein sommergrüner, breitkroniger, kleiner Baum. Sie ist weniger frostempfindlich als die Silberakazie und wird wegen ihrer ansehnlichen, rosafarbenen Blüten (VII– IX) mit auffälligen, bis zu 4 cm langen Staubblättern in Südeuropa und vereinzelt sogar in milden Lagen Mitteleuropas kultiviert.

Gleditschie

Gleditschie, Blatt

Japanischer Perlschnurbaum, Blüten

Gleditschie

Gleditsia triacanthos L.
Gestalt: Bis 40 m. Sommergrün.
Blätter: Ein- bis zweifach gefiedert. 10–30 Blättchen pro Blatt; diese lanzettlich, bis 3,5 cm lang, am Rand undeutlich gekerbt. Zweifach gefiederte Blätter mit bis zu 16 Fiedern erster Ordnung.
Blüten: VI, VII. Ein- oder zweihäusig verteilt, zum Teil auch zwittrig. Unscheinbar grünlichgelb, in blattachselständigen, schlanken Trauben.
Früchte: X. Braunrote, 20–40 cm lange, bandförmige, meist spiralig gedrehte Hülsen; Samen in süßlichen Fruchtbrei gebettet.
Rinde: Flachrissige Schuppenborke. Stämme und Äste mit kräftigen, einfachen oder verzweigten Dornen.
Verbreitung: Östliches Nordamerika. In Mitteleuropa in Parks.
Standort: Bevorzugt feuchte, nährstoffreicheBöden, gedeiht aber auch auf armen, trockenen Böden.
Wissenswertes: Die Gleditschie ist bei uns ein beliebter Straßen- und Parkbaum mit einer schönen gelben Herbstfärbung. Die Hülsen fallen ungeöffnet vom Baum und enthalten ein süßlich schmeckendes Fruchtfleisch. In Amerika nennt man die Gleditschie deshalb „honey-locust" oder „sweet-locust".
Bestimmungshinweis: Bestes Erkennungsmerkmal sind die glänzend rotbraunen, bis zu 20 cm langen Dornen an Stamm und Ästen. Gelegentlich wird aber auch eine dornenlose Form (Varietät *inermis*) angepflanzt. Die Blätter eines Baumes können sowohl doppelt als auch einfach gefiedert sein.

Japanischer Perlschnurbaum

Japanischer Perlschnurbaum

Sophora japonica L.
Gestalt: Bis 25 m. Sommergrün.
Blätter: 15–25 cm lange, unpaarige Fiederblätter mit 7–17 kurz gestielten Teilblättern; diese länglich eiförmig, ganzrandig, an der Spitze mit einer kurzen Granne.
Blüten: VIII, IX. Gelb- oder grünweiße Schmetterlingsblüten in großen, verzweigten, endständigen Trauben.
Früchte: Im Querschnitt rundliche, 5–8 cm lange Hülsen, die zwischen den einzelnen Samen (2–6) eingeschnürt sind.
Rinde: Dunkel- oder graubraun, längsrissig.
Verbreitung: Korea, China. In Mitteleuropa in Parks.
Standort: Frische, nährstoffreiche Böden.
Bestimmungshinweis: Pflanze ohne Dornen, Fiederblättchen eiförmig, an der Spitze mit kurzer Granne.

Geweihbaum

Gymnocladus dioicus K. Koch
Gestalt: Bis 25 m. Sommergrün.
Blätter: Doppelt gefiedert, 30–90 cm groß. Blättchen eiförmig, 3–8 cm lang, zugespitzt, ganzrandig (→ Bild Seite 50/51).
Blüten: VI. Meist zweihäusig verteilt. Bis 2 cm groß, grünweiß, in großen endständigen Rispen.
Früchte: Rotbraune, 10–18 cm lange Hülsen, die im Winter ungeöffnet abfallen.
Rinde: Graue, schuppige Borke.
Verbreitung: Mittleres Nordamerika. In Mitteleuropa Zierbaum.
Standort: Laubmischwälder feuchter Niederungsböden.
Bestimmungshinweis: Blätter stets doppelt gefiedert.

Roßkastaniengewächse

Rotblühende Roßkastanie

Gemeine Roßkastanie, Blatt

Gemeine Roßkastanie, Früchte

Die Roßkastanien

Roßkastanien sind sommergrüne Bäume oder Sträucher (etwa 13 Arten) mit gegenständigen, handförmig gefiederten Blättern. Einziger europäischer Vertreter ist die Gemeine Roßkastanie.
Dieser Baum ist wegen seiner üppigen Blütenpracht, aber auch wegen seiner schönen, gelben Herbstfärbung einer unserer häufigsten Zierbäume.
Die Blüten, die reichlich Nektar absondern, werden von Hummeln und Bienen bestäubt. Farbflecken (sogenannte Saftmale) auf den weißen Blütenblättern dienen der Anlockung der Insekten.
Das Holz der Roßkastanie ist wirtschaftlich nur von geringer Bedeutung. Es ist hell, weich, sehr gleichmäßig und fein strukturiert, aber kaum witterungsbeständig. Gelegentlich wird es für Küchenmöbel oder als Drechslerholz verwendet.
Neben der Gemeinen Roßkastanie werden bei uns in Parks und Gärten auch andere, meist strauchförmige Roßkastanien-Arten kultiviert. Ein beliebter Zierbaum ist die Rotblühende Roßkastanie, ein Hybrid zwischen der europäischen und einer nordamerikanischen Roßkastanie. Roßkastanie und Edelkastanie (→ Seite 114/115) sind trotz der Ähnlichkeit der Namen nicht näher miteinander verwandt. Die Edelkastanie ist ein Buchengewächs, die eßbaren Kastanien (Maroni) Nußfrüchte. Die Frucht der Roßkastanie ist dagegen eine grüne, stachelige Kapsel. Die braunen Kastanien sind die Samen dieser Früchte. Sie enthalten viel Stärke, sind aber für den Menschen ungenießbar und gelten wegen

Gemeine Roßkastanie, Blütenstand

Rotblühende Roßkastanie, Blütenstand

ihres hohen Gehaltes (3–5%) an Saponinen als giftig.

Gemeine Roßkastanie
Aesculus hippocastanum L.
Gestalt: Bis 30 m. Stamm meist drehwüchsig.
Blätter: Langgestielt, handförmig gefiedert mit 5–7 ungestielten, bis 25 cm langen, lanzettlichen Teilblättern.
Blüten: IV–VI. In großen, aufrechten, endständigen Rispen. Zwittrig oder eingeschlechtig. Fünf weiße, teilweise gelb- oder rotgefleckte Kronblätter.
Früchte: IX, X. Kugelige, bis 6 cm große Kapseln mit dicker, grüner, derbstacheliger Fruchtschale. 1–3 große, glänzend dunkelbraune Samen mit grauem Nabel.
Rinde: Graubraune Schuppenborke (→ Bild Seite 43).
Verbreitung: Ursprünglich Südosteuropa und Westasien: Albanien, Nordgriechenland, Bulgarien, Kaukasus, Nordpersien bis Himalaja. In Mittel- und Westeuropa eingebürgert.
Standort: Kommt von Natur aus in schattigen, feuchten Berg- und Schluchtwäldern. vor. Bevorzugt nährstoffreiche, tiefgründige, frische Sand- und Lehmböden. Halbschattenbaumart.
Bestimmungshinweis: Die Gemeine Roßkastanie ist auch im unbelaubten Zustand an den großen, glänzend rotbraunen, klebrigen Winterknospen (→ Bild Seite 34) gut zu erkennen.
Die **Rotblühende Roßkastanie** (*Aesculus* x *carnea* = *Aesculus hippocastanum* x *Aesculus pavia*) unterscheidet sich von der Gemeinen Roßkastanie durch meist etwas kleinere, derbere, dunklere und oft kurz gestielte Teilblätter, rote Blüten und kleinere, weniger bis kaum stachelige Früchte.

Gewöhnliche Esche

Gewöhnliche Esche, Winterknospen

Die Gewöhnliche Esche ist eine Baumart der Laubmischwälder, wo sie einzeln oder in kleinen Gruppen und nur selten in reinen Beständen auftritt. Im Freistand entwickelt sie eine große, breite Krone.

Die Eschen

Die Eschen sind eine Gattung der Ölbaumgewächse (*Oleaceae*) mit rund 60 Arten hauptsächlich in der gemäßigten Zone der Nordhemisphäre. Es sind sommergrüne Bäume oder Sträucher mit gegenständigen, unpaarig gefiederten Blättern. Die Frucht ist eine einsamige, einseitig geflügelte Nuß.

Die Gewöhnliche Esche ist ökologisch wie wirtschaftlich eine unserer wichtigsten Laubbaumarten. Sie ist sehr raschwüchsig und erreicht auf guten Standorten (z.B. Auenböden) oft schon mit 70 oder 80 Jahren (Höchstalter etwa 300 Jahre) die Hiebsreife.
Das schwere, harte Holz ist entweder einfarbig hell oder aber im Kern bräunlich. Als Vollholz oder Furnier findet es in der Möbelherstellung und im Innenausbau Verwendung. Ideal eignet es sich wegen seiner hohen Festigkeit und Zähigkeit zur Herstellung von Leitern, Sportgeräten und Werkzeugstielen.
Interessant ist die Blütenbiologie der Gewöhnlichen Esche. Die einzelnen Blüten selbst sind durch das Fehlen von Kelch und Krone eher unscheinbar. Sie erscheinen im Frühling bereits vor den Blättern und werden durch den Wind bestäubt. Es kommen sowohl zwittrige als auch rein männliche und rein weibliche Blüten vor. Die Häufigkeit der einzelnen Blütentypen kann dabei von Baum zu Baum verschieden sein. Neben einhäusigen gibt es auch zweihäusige, also rein männliche oder rein weibliche Eschen.

Gewöhnliche Esche, Blütenstände

Gewöhnliche Esche, Blütenstände

Gewöhnliche Esche, Blatt

Gewöhnliche Esche, Früchte

Die Blüten der Gewöhnlichen Esche erscheinen vor den Blättern. (Bild links oben: Männliche Blütenstände kurz vor dem Aufblühen; Bild links mitte: Blütenstände zur Zeit der Blüte). Manchmal öffnen sich die Blütenknospen bereits im März. Die Früchte reifen zwar schon im Herbst, bleiben aber oft den Winter über am Baum. Man bezeichnet solche Früchte als Wintersteher.

Gewöhnliche Esche

Fraxinus excelsior L.

Gestalt: Bis 40 m.

Blätter: Fiederblätter 20–35 cm groß, mit 9–15 Teilblättern; diese lanzettlich oder oval, bis auf das Endblättchen ungestielt, 4–10 cm lang, am Rand fein gesägt.

Blüten: III–V. In seitenständigen, abstehenden bis überhängenden Rispen; Staubblätter braunrot bis violett.

Früchte: VIII–X. Flache, 3–4 cm lange, zungenförmig geflügelte Nüsse; meist in dichten, hängenden Büscheln.

Rinde: Grau, lange Zeit glatt; Borke dicht längsrissig (→ Bild Seite 43).

Verbreitung: Europa, Kaukasus, Kleinasien.

Standort: Laubmischwälder von der Ebene bis in mittlere Berglagen. Entlang von Flüssen und Bächen. Bevorzugt auf frischen bis feuchten, tiefgründigen, nährstoffreichen Böden. Aber auch auf flachgründigen Kalkstandorten. Halbschattenbaumart.

Bestimmungshinweis: Vor allem im blattlosen Zustand eignen sich die großen, matt schwarzen Winterknospen gut zur Bestimmung.

Eine Zierform der Gewöhnlichen Esche ist die sogenannte **Einblatt-Esche** (*Fraxinus excelsior 'Diversifolia'*). Die Blätter dieser Form sind ungeteilt (nicht gefiedert!) oder bestehen aus einer großen Endfieder und nur einem Paar deutlich kleinerer Fiedern.

Der Gewöhnlichen Esche sehr ähnlich ist die **Schmalblättrige Esche** (*Fraxinus angustifolia*), die in Süd-, Südosteuropa und Kleinasien beheimatet und bei uns gelegentlich in Parks zu finden ist. Ihre Knospen sind dunkelbraun, die Fiederblättchen lanzettlich, die Blüten- und Fruchtstände traubig.

Blumenesche

Blumenesche, Winterknospen

Blumenesche, Blätter

Blumenesche, Blüten

Blumenesche, Mannaesche, Schmuckesche

Fraxinus ornus L.

Gestalt: Baum oder Strauch, bis 20 m.
Blätter: Fiederblätter 15–30 cm lang, mit 5–9 Teilblättern; diese oval (bis lanzettlich), 4–8 cm lang, kurz gestielt.
Blüten: IV–VI. Meist zwittrig. Endständig in großen, aufrechten oder überhängenden Rispen. 2 oder 4 schmale, weiße Kronblätter. Intensiv duftend.
Früchte: Wie Gewöhnliche Esche (→ Seite 69), aber etwas kleiner und Fruchtstände endständig.
Rinde: Grau, glatt.
Verbreitung: Südeuropa, Kleinasien. Nördlich der Alpen als Zierbaum.
Standort: Laubwälder und Gebüsche warmer Lagen; trockene, meist kalkreiche Böden. Lichtbaumart.
Wissenswertes: Die Blumenesche ist in Südeuropa ein wichtiger Waldbaum, der oft zusammen mit der Flaumeiche, der Hopfenbuche, dem Zürgelbaum oder der Edelkastanie auftritt. Die nördlichsten Vorkommen liegen am Südfuß der Alpen (Südschweiz, Südtirol, Kärnten), nördlich davon wird sie gelegentlich als Zierbaum angepflanzt. Anders als die windblütige Gewöhnliche Esche wird die Blumenesche von Insekten bestäubt. Die weiße Farbe der Blüten sorgt im Verein mit ihrem intensiven Duft für die Anlockung der Insekten. „Manna" ist der an der Luft erstarrte, mannithaltige Blutungssaft der Blumenesche. Er dient als Rohstoff für Arzneimittel und wurde früher vor allem in Süditalien durch Anritzen der Bäume gewonnen.
Bestimmungshinweis: Im blühenden Zustand unverwechselbar. Im Unterschied

Seifenbaumgewächse

Blasenesche, Blüten

Blasenesche, Früchte

Blasenesche, Blatt

Die Blasenesche ist wegen ihrer ansehnlichen Blüten, aber auch durch die eigenwillige Form der Früchte und ihre schöne gelbe Herbstfärbung ein attraktiver Zierbaum. Außer dem Namen verbindet sie mit den Eschen nicht viel Gemeinsames. Die Blasenesche gehört zu den Seifenbaumgewächsen, eine den Roßkastanien und Ahornen nahestehende Familie, die überwiegend in den Tropen verbreitet ist.

zur Gewöhnlichen Esche (→ Bild Seite 69) sind die Winterknospen filzig graubraun, die Fiederblätter haben weniger Blättchen, jedes Blättchen ist deutlich gestielt, die Rinde ist buchenähnlich glatt.

Blasenesche

Koelreutoria paniculata Laxm.

Gestalt: Bis 15 m, sehr breitkronig. Sommergrün.
Blätter: Wechselständig. Bis 35 cm lang, unpaarig gefiedert mit 7–15 ovalen Teilblättern. Teilblätter 3–10 cm groß, unregelmäßig grob gesägt bis tief eingeschnitten gelappt. Bei manchen Formen sind die Blätter teilweise doppelt gefiedert.
Blüten: VI–VIII. Zwittrig oder eingeschlechtig. In großen, aufrechten, endständigen Rispen; Einzelblüte etwa 1 cm breit, gelb.
Früchte: VIII, IX. 4–5 cm große, eiförmig spitze, blasig aufgetriebene, trockenhäutige Kapseln mit erbsengroßen, schwarzbraunen Samen.
Rinde: Borke graubraun, längsrissig.
Verbreitung: Japan, Korea, China. In Mitteleuropa in Parks und Gärten.
Standort: Bevorzugt feuchte, nährstoffreiche Böden.
Bestimmungshinweis: Typisch sind die großen, grob gekerbten Teilblätter, die gelben Blüten in großen, aufrechten Blütenständen und die wie aufgeblasen wirkenden Früchte.

Kennfarbe Gelb

Laubbäume mit ungeteilten gegenständigen Blättern

Die Bäume dieser Gruppe sind daran zu erkennen, daß sich immer zwei ungeteilte Laubblätter an einem Knoten der Triebachse gegenüberstehen. Die Blattspreite kann gelappt und eingeschnitten sein.

Bergahorn

Katsurabaum

◁ Zweig eines Bergahorns mit hängenden Blütenständen.

Ahorngewächse

Bergahorn im Spätsommer

Die Ahorne

Es gibt insgesamt etwa 150 verschiedene Ahorne. Die meisten Arten dieser Gattung sind in der nördlichen gemäßigten Zone beheimatet. Es sind meist sommergrüne (alle hier aufgeführten Arten) Bäume oder Sträucher mit gegenständigen, lang gestielten, meist handförmig gelappten, seltener ungelappten oder gefiederten (→ Eschenahorn Seite 57) Blättern. Die Blüten sind radiär, meist nicht breiter als 1 cm, in der Regel mit Kelch und Krone und einem auffäligen, ringförmigen Wulst, dem sogenannten Diskus.
Typisch für die Gattung ist die Frucht. Da sie bei der Reife in zwei einsamige Teilfrüchte zerfällt, bezeichnet man sie als Spaltfrucht. Jede Teilfrucht besteht aus einem Nüßchen, das den Samen enthält, und aus einem langen Flügel. Vielen dürften diese geflügelten Nüßchen wohl eher unter der Bezeichnung „Nasenzwicker" oder „Schraubenflieger" bekannt sein.
In Mitteleuropa sind fünf Ahorn-Arten einheimisch. Französischer und Schneeballblättriger Ahorn kommen nördlich der Alpen nur sporadisch an besonders warmen Standorten vor. Beide wachsen strauchförmig, selten werden sie kleine Bäume. Weit verbreitete einheimische Bäume sind Berg-, Spitz- und Feldahorn. Alle drei liefern ein wertvolles Holz. Obgleich die Unterschiede zwischen den Arten nur gering sind, schätzen die Holzverarbeiter den Bergahorn allgemein höher als den Spitzahorn ein. Nur von geringer wirtschaftlicher Bedeutung ist der Feldahorn. Er wird nicht so hoch wie die beiden anderen Arten und

Ahorngewächse

Bergahorn im Winter

hat nur selten gerade, ausreichend dicke, nutzholztaugliche Stämme. Ahornholz ist einfarbig hell, gleichmäßig strukturiert, mittelschwer, hart, zäh und elastisch. Es eignet sich zur Herstellung von Deckfurnieren, Möbeln, Musikinstrumenten, Haus- und Küchengeräten oder Schnitz- und Drechslerwaren. Aufgrund der hohen Abriebsfestigkeit ist es eines der besten Hölzer für unbeschichtete Tischplatten, speziell für Wirtshaustische.
Biologisch interessant ist die Geschlechterverteilung in den Blüten der Ahorne. Generell besteht der Trend weg von zwittrigen und hin zu eingeschlechtigen Blüten, die im fortgeschrittenen Stadium dieser Entwicklung, so beim Eschenahorn (→ Seite 57), zudem zweihäusig verteilt sein können. Diese Evolution der Blüte läßt sich bei einem Berg-, Spitz- oder Feldahorn oft schon an einem Blütenstand beobachten. Neben zwittrigen sind meist eingeschlechtige Blüten vorhanden oder zumindest solche, bei denen eines der beiden Geschlechter zurückgebildet ist. In diesem Zusammenhang vollzieht sich auch eine Entwicklung von der Insekten- hin zur Windbestäubung. Alle einheimischen Arten werden von Insekten bestäubt, der Eschenahorn als „moderner" Vertreter der Gattung bereits überwiegend durch den Wind.
Die Teilfrüchte der Ahorne sind Flügelflieger. Lösen sie sich vom Baum, so trudeln sie in einer schraubigen Flugbahn zu Boden. Die reduzierte Sinkgeschwindigkeit ermöglicht bei starkem Wind auch einen Transport über größere Entfernungen.

Bergahorn im Frühjahr

Bergahorn

Acer pseudoplatanus L.
Gestalt: Bis 35 m.
Blätter: Blattspreite 10–20 cm lang und ebenso breit, mit 5 eiförmigen, spitzen Lappen, Buchten dazwischen keilförmig; Rand unregelmäßig grob gesägt; oberseits matt dunkelgrün, unterseits graugrün, mehr oder weniger behaart. Stiel ohne Milchsaft.
Blüten: IV, V. Gelbgrün, in hängenden, schlanken, 5–15 cm langen Rispen an der Spitze beblätterter Kurztriebe.
Früchte: IX, X. Beide Teilfrüchte bilden einen spitzen bis rechten Winkel; Nüßchen kugelig.
Rinde: Anfangs graubraun, glatt. Späte Bildung einer graubraunen, rötlich gefleckten Borke, von der sich flache Schuppen ablösen (→ Bild Seite 43).
Verbreitung: Gebirge Mittel-, Süd- und Südosteuropas; Kaukasus.
Standort: Vom Hügelland bis in die subalpine Stufe. Wächst bevorzugt auf tiefgründigen, humosen, nährstoffreichen, frischen bis feuchten, oft kalkhaltigen Böden in kühl luftfeuchten Lagen. Halbschattenbaumart.
Wissenswertes: Der Bergahorn ist ein typischer Baum der Gebirge. Eingesprengt in Buchen- und Fichtenwälder ist er im Herbst durch sein leuchtend goldgelb verfärbtes Laub weithin sichtbar. Bei alten Bäumen ist häufig vor allem die Wetterseite der rissig-schuppigen Borke dicht mit Moosen und Flechten besiedelt. Im Vergleich zur Buche braucht der Bergahorn zum guten Gedeihen mehr Feuchtigkeit und nährstoffreichere Böden. Ideal sind luft- und bodenfeuchte

Bergahorn, Blütenstand

Bergahorn, Früchte

Bergahorn, Blätter

Urig anmutende, alte Bergahorne mit ihren knorrigen, dicken und kurzen Stämmen und mächtigen, kuppelförmigen Kronen sind charakteristisch für viele Almflächen in den Alpen. Die hängenden, schlanken Blütenrispen erscheinen zusammen mit dem Laub.

Standorte, wie Bergschluchten oder Schattenhänge. Zusammen mit der Bergulme und der Esche kann hier der Bergahorn sogar bestandsbildend werden. Vereinzelt steigt er bis an die Waldgrenze (in den Nordalpen bis etwa 1500 m, im Wallis bis nahe 2000 m Höhe). Der Bergahorn ist aufgrund seines reichverzweigten, relativ tief reichenden Wurzelwerks sturmfest. Er treibt gut aus dem Stock aus. Außerhalb seiner natürlichen Verbreitung ist der Bergahorn in tieferen Lagen sowohl forstlich, als auch als Allee- und Parkbaum häufig angepflanzt. Er erreicht ein Höchstalter von etwa 500 Jahren.

Bestimmungshinweis: Im Unterschied zum Spitzahorn (→ Seite 78) sind die Blätter ober- und unterseits matt und ohne jeden Glanz, die Blattlappen sind am Rand gesägt, aber nie mit langspitzigen Zähnen und aus den Blattstielen tritt, wenn man sie zerreißt, kein Milchsaft aus. Typisch für den Bergahorn ist die (ähnlich wie bei der Platane) schuppig abblätternde, unterschiedlich grau, braun bis rötlich gemusterte Borke. Die Blätter des Feldahorns (→ Seite 80) führen im Unterschied zum Bergahorn Milchsaft, sind zudem viel kleiner und haben stumpfe Blattlappen. Verwechseln kann man den Bergahorn mit dem in Südeuropa heimischen **Schneeballblättrigen Ahorn** (*Acer opalus*). Dessen Blätter sind aber meist kleiner, mit kurzen, stumpf dreieckigen Lappen und wenig tiefen Einschnitten. Im unbelaubten Zustand kann man den Bergahorn an den gegenständigen, großen, eiförmig spitzen, glänzend grünen Winterknospen erkennen.

Spitzahorn

Spitzahorn

Acer platanoides L.
Gestalt: Bis 35 m.
Blätter: Spreite 10–20 cm lang und ebenso breit, mit 5 (selten 7) spitz auslaufenden Lappen, am Rand mit wenigen, feinspitzigen Zähnen, die Buchten dazwischen abgerundet; beidseitig schwach glänzend, kahl. Stiel führt Milchsaft.
Blüten: IV, V. Gelbgrün, in endständigen, aufrechten bis nickenden Rispen.
Früchte: IX, X. Beide Teilfrüchte bilden einen stumpfen Winkel; Nüßchen flach.
Rinde: Anfangs hellgrau, glatt. Borke dunkelgrau bis schwärzlich, dicht längsrissig, nicht abschuppend.
Verbreitung: Europa, Kaukasus, Kleinasien.
Standort: Hauptsächlich in der Hügel- und der unteren Bergstufe. Laubmischwälder. Bevorzugt auf frischen bis feuchten, nährstoffreichen, oft kalkhaltigen Böden; im Vergleich zum Bergahorn anspruchsloser. Halbschattenbaumart.
Wissenswertes: Anders als der Bergahorn ist der Spitzahorn ein Baum tieferer Lagen. Von Natur aus kommt er als eher seltene Mischbaumart in Lindenwäldern, in Auwäldern oder in Eichen-Hainbuchenwäldern vor. Nur selten steigt er im Gebirge auf Höhen über 1000 m. Das Optimum der Verbreitung liegt im Baltikum. Meist erreicht der Spitzahorn nicht die Dimensionen des Bergahorns, Höhen über 25 m sind eher eine Seltenheit. Auch das erreichbare Höchstalter bleibt mit etwa 150–200 Jahren deutlich hinter dem des Bergahorns zurück. Wie bei anderen Ahornarten, so zersetzt sich auch beim Spitzahorn die Laubstreu rasch

Ahorngewächse

Spitzahorn, aufbrechende Knospe

Spitzahorn, Blüten

Spitzahorn, Früchte

Spitzahorn, Blätter

Der Spitzahorn ist als Solitär ein beeindruckender Baum. Dies vor allem aufgrund seiner herrlichen, gelblichen Blüten, die unmittelbar vor den Blättern erscheinen, aber auch wegen der kräftig goldgelben, mitunter auch rötlichen Herbstfärbung.

und ergibt eine günstige, biologisch aktive Humusform. Nicht zuletzt wegen seiner schönen gelben, mitunter rötlichen Herbstverfärbung ist der Spitzahorn ein beliebter Straßen- und Parkbaum. Es gibt zahlreiche Zierformen. Häufig sind solche mit rotgefärbten Blättern. Angesichts des immer größer werdenden Platzmangels in unseren Städten kommt dem sogenannten Kugel-Ahorn vermehrt Bedeutung zu. Diese als '*Globosum*' bezeichnete Sorte des Spitzahorns zeichnet sich dadurch aus, daß sie besonders langsam wächst und die Krone lange Zeit dicht geschlossen kugelförmig bleibt. Gerade viele Straßen- und Parkbäume fallen im Laufe des Sommers dadurch auf, daß ihre Blätter dicht mit teerartig schwarzen Flecken übersät sind. Es handelt sich dabei um eine recht häufige Pilzkrankheit, den Ahornrunzelschorf oder, wie man sie auch nennt, die Teerfleckenkrankheit (Erreger *Rhytisma acerinum*). Befallen werden neben dem Spitzahorn auch andere Ahorne, häufig vor allem der Bergahorn.

Bestimmungshinweis: Im Unterschied zum Bergahorn (→ Seite 76) sind die Blätter des Spitzahorns kahl und glänzend, die Lappen haben am Rand nur wenige und in eine feine Spitze mündende Zähne. Zerreißt man den Blattstiel, so tritt Milchsaft aus (wichtig auch zur Unterscheidung vom Zuckerahorn, → Seite 81).
Im unbelaubten Zustand kann man den Spitzahorn an den gegenständigen, eiförmigen, meist weinroten, dem Zweig anliegenden Winterknospen erkennen.

Feldahorn im Herbst

Feldahorn, Blatt

Feldahorn, Blüten

Feldahorn, Früchte

Feldahorn, Maßholder

Acer campestre L.
Gestalt: Baum oder Strauch, bis 20 m.
Blätter: Blattspreite 5–10 cm groß, mit (3–) 5 stumpfen Lappen, die drei vorderen ihrerseits oft schwach gelappt. Stiel führt Milchsaft.
Blüten: IV, V. Gelbgrün, endständig in aufrechten oder überhängenden Rispen. Blütenstiele und Blütenhülle behaart.
Früchte: IX. Anfangs behaart, später kahl. Beide Teilfrüchte bilden einen Winkel von etwa 180 Grad. Nüßchen flach.
Rinde: Zweige oft mit Korkleisten. Borke graubraun, feinrissig rechteckig gefeldert (→ Bild Seite 43).
Verbreitung: Europa, Nordafrika, Kleinasien.
Standort: Von der Ebene bis in die Bergstufe; Laubmischwälder, vor allem Waldränder, Hecken; mäßig trockene bis frische, nährstoffreiche Böden, oft auf Kalk; höhere Wärmeansprüche als Spitz- und Bergahorn. Halbschattbaumart.
Wissenswertes: Höchstalter etwa 150-200 Jahre, sehr gutes Stockausschlagvermögen, beliebte Heckenpflanze.
Bestimmungshinweis: Ein gutes Erkennungsmerkmal sind die flügelartigen Korkleisten. Sie finden sich bevorzugt an kräftigen Trieben, sind aber nicht bei allen Pflanzen deutlich ausgeprägt. Blätter viel kleiner als bei Berg- und Spitzahorn, Blattlappen stumpf.
Ähnlich ist der **Französische Ahorn** (*Acer monspessulanum*), dessen Blätter aber derber und im Mittel etwas kleiner, mit nur 3 etwa gleichgroßen, eiförmigen, ganzrandigen Lappen. Fruchtflügel spitzwinklig bis parallel.

Französischer Ahorn, Blatt

Echter Zuckerahorn, Blätter

Kolchischer Ahorn, Blatt

Zuckerahorn und Kolchischer Ahorn sind zwei Ahorne, die bei uns zu Zierzwecken kultiviert werden. Beide zeigen im Herbst eine wunderschöne, intensiv goldgelbe, beim Zuckerahorn mitunter auch rötliche oder orangefarbene Herbstfärbung.

Echter Zuckerahorn

Acer saccharum Marsh.

Gestalt: Bis 40 m.
Blätter: Blattspreite 8–14 cm groß, mit 5 lang zugespitzten Lappen, am Rand mit wenigen großen Zähnen. Buchten zwischen den Lappen halbkreisförmig abgerundet. Stiel ohne Milchsaft.
Blüten: IV, V. Gelbgrün, hängen gebüschelt an langen, schlaffen Stielen.
Früchte: VIII, IX. Beide Teilfrüchte bilden einen spitzen Winkel. Nüßchen kugelig.
Rinde: Graue, rissige Borke.
Verbreitung: Östliches Nordamerika. In Mitteleuropa in Parks und Gärten.
Standort: Nährstoffreiche, feuchte, lehmige Böden. Schattenbaumart.
Wissenswertes: Der Zuckerahorn ist der „sugar maple" der Amerikaner. Aus dem zuckerreichen Blutungssaft, den man im Spätwinter durch Anbohren der Stämme gewinnt, wird Ahornsirup (maple syrup) hergestellt. Aus rund 30 Liter Blutungssaft erhält man nach Eindicken der Flüssigkeit etwa einen Liter Sirup. Von einem kräftigen Baum können pro Saison bis zu 200 Liter Saft abgezapft werden. In Mitteleuropa ist der Zuckerahorn gelegentlich als Zierbaum anzutreffen. Allerdings zeigt er hier seltener seine prächtige orangerote Herbstfärbung, die in seiner Heimat zum faszinierenden „Indian Summer" beiträgt.
Bestimmungshinweis: Im Unterschied zum Spitzahorn (→ Seite 78) Blattstiele ohne Milchsaft. In Parks findet man gelegentlich den aus Vorderasien stammenden **Kolchischen Ahorn** (*Acer cappadocicum*): Blätter 8–14 cm groß, mit 5–7 langspitzigen, annähernd ganzrandigen Lappen.

Ahorngewächse

Fächerahorn

Fächerahorn, Blätter

Silberahorn, Blatt

Fächerahorn

Acer palmatum Thunb.
Gestalt: Baum oder Strauch, bis 8 m.
Blätter: Blattspreite 5–10 cm groß, mit 5–7 (9) lanzettlichen, lang zugespitzten, gesägten Lappen und tiefen Einschnitten.
Blüten: V. In nickenden Rispen.
Früchte: X, XI. Die beiden Teilfrüchte stehen stumpfwinklig bis waagrecht zueinander.
Verbreitung: China, Japan, Korea. In Mitteleuropa Ziergehölz.
Standort: Bevorzugt auf nährstoffreichen, nicht zu feuchten Böden.
Bestimmungshinweis: Typisch sind die tief eingeschnittenen Blätter mit schmalen, langspitzigen Lappen. In Kultur sind viele in Wuchsform, Blattform und -farbe abweichende Sorten.

Silberahorn

Acer saccharinum L.
Gestalt: Bis 35 m, oft mehrstämmig.
Blätter: Spreite 8–16 cm groß, tief eingeschnitten fünflappig, Lappen lang zugespitzt, am Rand mit langen Zähnen oder kleinen spitzen Lappen; unterseits silbergrau. Stiel ohne Milchsaft.
Blüten: II–IV. Gelbgrün. ♂ und ♀ Blüten in getrennten, dichten Büscheln am gleichen oder an verschiedenen Bäumen.
Früchte: V, VI. Die beiden hellbraunen, meist säbelförmig gebogenen Teilfrüchte bilden etwa einen rechten Winkel. Nüßchen länglich.
Rinde: Graue, längsrissige, mitunter abschuppende Borke.
Verbreitung: Östliches Nordamerika. In Mitteleuropa häufiger Zierbaum.
Standort: Feuchte Böden. In

Kuchenbaumgewächse

Katsurabaum, Blätter

Katsurabaum, zwei Kurztriebe mit je einem Blattstiel und einer Knospe

Nicht nur der Habitus, sondern auch die eigenwillige Belaubung machen den Katsurabaum zu einem herrlichen Park- oder Gartenbaum. Die herzförmigen Blätter sind beim Austrieb oft rosa- oder bronzefarben, im Herbst leuchtend gelb.

Katsurabaum im Herbst

Kultur relativ anspruchslos. Bestimmungshinweis: Blätter unterseits silbergrau, tief eingeschnitten fünflappig.

Katsurabaum, Kuchenbaum

Cercidiphyllum japonicum Sieb. & Zucc.

Gestalt: Bis 30 m, oft mehrstämmig. Sommergrün.
Blätter: Handnervig; 3–10 cm groß, eiförmig bis kreisrund mit deutlich herzförmiger Basis, am Rand kerbig gesägt.
Blüten: III, IV. Zweihäusig verteilt. Unscheinbar, klein, ohne Blütenhülle, in köpfchenförmigen Ständen.
Früchte: Leicht gebogene, 1,5–2 cm lange Balgfrüchte.
Rinde: Borke graubraun, dick, tief gefurcht.
Verbreitung: Japan, China. In Mitteleuropa Zierbaum.
Standort: Frische bis feuchte, tiefgründige Böden.
Wissenswertes: Der Kuchenbaum ist in Japan wirtschaftlich einer der wichtigsten Laubbäume. Das leichte und weiche Holz mit hellbraunem Splint und rotbraunem, dauerhaftem Kern wird für Möbel, Innerverkleidungen, Tischlerarbeiten und Schnitzereien verwendet. Der Kuchenbaum zählt zu den Laubbaumarten, bei denen das Sproßsystem deutlich in Lang- und Kurztriebe gegliedert ist. Während die Blätter an ersteren gegenständig und eher länglich eiförmig sind (→ Bild Seite 73), tragen die extrem gestauchten Kurztriebe stets nur ein rundlich-herzförmiges Blatt.
Bestimmungshinweis: Leicht kenntlich an den gegenständigen, herzförmigen bis kreisrunden, am Rand kerbig gesägten Blättern. In der Form sind die Blätter ähnlich wie beim Judasbaum (→ Seite 140).

Ölbaum

Ölbaum, Olivenbaum

Olea europaea L.

Gestalt: Baum oder Strauch, bis 10 m, Stamm oft sehr bizarr und knorrig. Immergrün.

Blätter: Lederig, kurzgestielt, 4–8 cm lang, lanzettlich, ganzrandig, oberseits dunkelgrün und meist kahl, unterseits durch dichtstehende, schuppenförmige Haare silbergrau.

Blüten: IV–VI. In blattachselständigen Rispen, klein, zwittrig, weiß. Angenehm duftend.

Früchte: IX, X. Kugelig oder eiförmig, 1,5–3,5 cm groß, fleischig, anfangs grün, reif meist violett bis schwarz.

Rinde: Hellgraue, rissig gefelderte Borke.

Verbreitung: Mittelmeergebiet. Nördlich bis zu den Südalpen (Südtessin, Gardasee, Südtirol).

Standort: Steinige, trockene Böden. Lichtbaumart.

Wissenswertes: Der Olivenbaum ist eine der ältesten Kulturpflanzen. In unzähligen verschiedenen Sorten angebaut, ist er heute noch von großer wirtschaftlicher Bedeutung. Die Wildform (*Olea europaea* ssp. *sylvestris*), Bestandteil der mediterranen Macchie (immergrüne Gebüsche), ist meist strauchförmig und hat kleinere Blätter, runde Früchte und dornige Zweige. Olivenöl wurde schon im Altertum auf vielfältige Weise als Speise- und Brennöl sowie für sakrale Zwecke genutzt. Olivenhaine und -gärten mit dem silbrig schimmernden Laub der oft bizarr gewachsenen Bäume prägen weite Teile der Landschaft rund um das Mittelmeer. Die mitunter grotesken Stammformen der Bäume entstehen dabei vielfach unter Mithilfe des Menschen: Das

Ölbaumgewächse

Ölbaum, Blüten

Ölbaum, Früchte

Ölbaum, Stamm

Holz wird häufig von einem holzabbauenden Pilz angegriffen. Die befallenen Stellen werden daraufhin immer wieder herausgeschabt; im Extrem werden ganze Löcher in den Baum geschnitten, worauf die Stämme knorrig-bizarre Formen annehmen.
Ölbäume zählen mit einem Höchstalter von bis zu 1500 Jahren zu den langlebigsten Bäumen Europas. Längst ist der Ölbaum in klimatisch geeigneten Gebieten über die ganze Erde verbreitet. Olivenkulturen gibt es in Japan, Indien und Australien ebenso wie in Südafrika und den USA. Ölbäume stellen nur geringe Ansprüche an den Boden, brauchen aber zum Gedeihen viel Licht. Begrenzend für das Wachstum sind vor allem Fröste. In Mitteleuropa ist deshalb Kalthausüberwinterung unbedingt erforderlich.
Die Olive ist wie die Kirsche eine Steinfrucht. Das eßbare, saftige, ölreiche Fruchtfleisch umgibt einen harten, rauhen Steinkern. Wirtschaftlich von Bedeutung ist auch das schwere, feste und sehr dekorative Holz. Es ist bestens für Tischler- und Drechslerarbeiten geeignet.
<u>Bestimmungstip:</u> An seinem Standort unverwechselbar. Die gegenständigen, ganzrandig lanzettlichen, unterseits auffallend silbergrauen Blätter lassen ganzjährig eine sicher Artbestimmung zu.

Blühende Paulownie

Paulownie, Blätter

Paulownie, Blüten

Paulownie, Früchte

Paulownie, Blauglockenbaum

Paulownia tomentosa Steud.
Gestalt: Bis 15 m. Sommergrün.
Blätter: Sehr groß und lang gestielt. Spreite 15–40 cm lang, breit ei- oder herzförmig, ganzrandig oder gelegentlich schwach dreilappig.
Blüten: IV, V. 5–6 cm groß, Krone hellviolett, glockenförmig mit 5 ungleich großen Lappen und krausem Rand. Blüten in aufrechten, 20–30 cm großen, kegelförmigen Rispen.
Früchte: VIII–X. Braune, eiförmige, 2–4 cm große Kapseln.
Rinde: Graubraune, netzförmig rissige Borke.
Verbreitung: China. In Südeuropa und im südlichen Mitteleuropa Zierbaum.
Standort: Nährstoffreiche, frische Böden. Frostgefährdet. Lichtbaumart.
Wissenswertes: Europa ist im Vergleich zu Ostasien und Nordamerika arm an Baumarten, speziell an solchen mit farbenprächtigen Blüten. Paulownie und Trompetenbaum sind zwei Importe, die diesen Mangel beheben sollen. Neben den ansehnlichen Blüten gründet sich ihr Zierwert auf die für uns ungewohnt riesigen Blätter. Die Paulownie ist allerdings nur in milden Lagen bei uns ganz winterhart.
Bestimmungshinweis: Die Blätter, nicht aber die Blüten und Früchte, sind denen des Trompetenbaums ähnlich. Die Triebe sind dick und dicht braun behaart. Im Winter ist die Paulownie gut an den großen, kugeligen, braunfilzigen Blütenknospen zu erkennen, die bereits im Spätsommer vor der Blüte erscheinen.

Trompetenbaumgewächse

Gewöhnlicher Trompetenbaum, Blüten

Gewöhnlicher Trompetenbaum, Blätter und Früchte

Blauglockenbaum und Trompetenbaum sind wegen ihrer großen, exotisch anmutenden Blüten beliebte Zierbäume. Der Trompetenbaum beeindruckt darüber hinaus durch seine langen, bohnenförmigen Früchte. Sie bleiben bis weit in den Winter hinein am Baum.

Gewöhnlicher Trompetenbaum, Bohnenbaum

Catalpa bignonioides Walt.

Gestalt: Bis 15 m. Sommergrün.

Blätter: Gegenständig oder zu dritt in Quirlen. Sehr groß und lang gestielt. Blattspreite 10–25 cm lang (an kräftigen Trieben oft noch größer), breit ei- oder herzförmig, ganzrandig oder selten mit 1–2 kleinen, spitzen Lappen. Riechen beim Zerreiben unangenehm.

Blüten: VI, VII. 3–5 cm groß, die weiße, glockenförmige Krone mit krausem, ungleich fünflappigem Rand, innen gelb gestreift und purpurn gefleckt. Blüten in großen, aufrechten, breit kegelförmigen Rispen.

Früchte: IX, X. Bohnenförmige, bleistiftstarke, 20–40 cm lange Kapseln.

Rinde: Braungraue, dünne, feinrissig schuppige Borke.

Verbreitung: Südöstliches Nordamerika. In Mitteleuropa Zierbaum.

Standort: Bevorzugt nährstoffreiche, frische Böden. Frostgefährdet. Lichtbaumart.

Bestimmungshinweis: Die Blätter, nicht aber die Blüten und Früchte, sind mit denen der Paulownie leicht zu verwechseln. Die langen Früchte bleiben oft bis ins Frühjahr nach der Reife am Baum.

In Parks wird gelegentlich der ebenfalls aus Amerika stammende **Prächtige Trompetenbaum** (*Catalpa speciosa*) angepflanzt. Er ist vom Gewöhnlichen Trompetenbaum nur schwer zu unterscheiden. Seine Blüten sind etwas größer (4–6 cm groß), den Blättern fehlt beim Zerreiben der unangenehme Geruch.

Kennfarbe Grün

Laubbäume mit ungeteilten wechselständigen Blättern

Auf den folgenden Seiten werden Laubbäume mit ungeteilten, wechselständigen Blättern vorgestellt. Die Blattspreite besteht aus einem Teil, kann aber gelappt und tief eingeschnitten sein.

Hainbuche

Flaumeiche

◁ Sommerlinde

Allee mit Bastard-Schwarzpappeln

Die Pappeln

Die Pappeln sind eine von zwei Gattungen aus der Familie der Weidengewächse (*Salicaceae*). Es sind sommergrüne Bäume (seltener Sträucher) mit wechselständigen, ungeteilten und meist langgestielten Blättern. Pappeln sind zweihäusig, das heißt, männliche und weibliche Blüten finden sich auf verschiedenen Individuen. Die Blütenstände, hängende Kätzchen, erscheinen im Frühjahr vor den Blättern. Jede der unscheinbaren Einzelblüten sitzt darin in der Achsel eines gezähnten oder zerschlitzten Tragblattes. Anders als bei den Weiden erfolgt die Bestäubung durch den Wind. Die Frucht ist eine Kapsel, die viele winzig kleine, mit einem Haarschopf versehene Samen enthält. Viele dieser Samen verstricken sich miteinander zur Samenwolle, die durch den Wind über oft große Distanzen verbreitet wird. Die Samen bleiben meist nur wenige Tage keimfähig.

Es gibt etwa 40 verschiedene Pappelarten, die in der gemäßigten Zone der Nordhemisphäre verbreitet sind, in Mitteleuropa kommen von Natur aus drei Arten, die Schwarzpappel, die Silberpappel und die Zitterpappel vor.

Pappeln sind die raschwüchsigsten einheimischen Baumarten. Sie können im Vergleich zur Fichte die doppelte Holzmasse in nur einem Drittel der Zeit produzieren. Das leichte und weiche, unter natürlichen Bedingungen nur wenig dauerhafte Holz eignet sich zur Erzeugung von Spanplatten, Zellstoff und Papier, darüber hinaus zur Herstellung von Zündhölzern, Paletten, Kisten, Spankörben, Holzschu-

Schwarzpappel, Früchte und Samenwolle

len oder Prothesen. Seit langem schon sind deshalb Pappeln ein bevorzugtes Objekt der Forstpflanzenzüchter. Dies umso mehr, da viele Arten, auch solche aus geographisch weit entfernten Gebieten, untereinander problemlos kreuzbar sind und Hybriden oft noch wüchsiger sind als die Eltern. Die meisten der heute im Wald oder als Flurholz angebauten Pappeln sind durch Kreuzungen und Auslese entstandene Zuchtformen, die in der Regel über Stecklinge vermehrt werden. Die Unterscheidung der unzähligen Sorten, die Namen wie 'Rochester', 'Robusta', 'Max' oder 'Ingolstadt 3a' tragen, ist vielfach nurmehr dem Spezialisten möglich. Zur besseren Übersicht teilt man sie in Gruppen, sogenannte Sektionen ein. Wirtschaftlich bedeutende Sektionen sind

- die Aigeiros-Schwarzpappeln, zu denen die einheimische und die Amerikanische Schwarzpappel zählen
- die Leuce-Weißpappeln, zu denen die Zitter- und Silberpappel zählen sowie
- die Tacamahaca-Balsampappeln. Die Stammarten dieser Gruppe kommen aus Nordamerika und Asien. Bei uns werden Balsampappeln verbreitet angepflanzt. Sie fallen durch große, stark klebrige und aromatisch duftende Winterknospen auf.

Da viele Pappelsorten auf für sie ungeeigneten Standorten angebaut wurden und eine Reihe von Krankheiten ihnen übel mitgespielt haben, sind die hohen wirtschaftlichen Erwartungen vergangener Jahrzehnte in den Pappelanbau nur teilweise in Erfüllung gegangen.

Pyramidenpappel – Allee

Schwarzpappel, Blatt

Schwarzpappel, Fruchtstände

Schwarzpappel

Populus nigra L.

Gestalt: Bis 35 m.

Blätter: Blattspreite 5–10 cm lang, dreieckig bis rauten- oder eiförmig, lang zugespitzt, am Rand regelmäßig fein gesägt, kahl. Stiel 2–6 cm lang.

Blüten: III, IV. Kätzchen bis 10 cm lang. Tragblätter zerschlitzt, nicht bewimpert.

Früchte: V, VI. Kleine, zweiklappig aufspringende Kapseln in hängenden Fruchtständen. Samen größer als bei Silber- und Zitterpappel.

Rinde: Frühe Bildung einer dicken, tief längsrissigen, braungrauen Borke (→ Bild Seite 43).

Verbreitung: Europa, Westsibirien, Klein-, Zentralasien, Nordafrika.

Standort: Auwälder großer Flußniederungen, an Seen und Altwässern. Bevorzugt auf feuchten bis nassen, zeitweise überfluteten, nährstoff- und basenreichen Sand- und Lehmböden. Etwas wärmeliebende, dürregefährdete Lichtbaumart.

Wissenswertes: Die Schwarzpappel bildet Wurzelsprosse und kann ein Alter von etwa 300 Jahren erreichen. Die reine Art ist bei uns sehr selten geworden. Zum einen ist ihr Lebensraum, der Auwald entlang großer Flüsse, bis auf geringe Reste zerstört. Zum anderen sind die heute angepflanzten Schwarzpappeln fast ausschließlich Kultursorten, die aus Kreuzungen mit der sehr ähnlichen **Amerikanischen Schwarzpappel** *(Populus deltoides)* hervorgegangen sind. Sie werden als Canadensis-Hybriden, Euramericana-Bastarde oder Kanadapappeln *(Populus* x *canadensis)* bezeichnet. Die als Alleebaum häufige **Pyramiden-** oder **Säulenpappel** *(Populus nigra*

Graupappel, Blatt

Die Graupappel gilt als natürlicher Hybrid zwischen der Zitter- und der Silberpappel. Wegen ihrer Raschwüchsigkeit und ihrer Anspruchslosigkeit wird sie gerne als Flurholz sowie als Straßen- und Parkbaum angepflanzt.

Graupappel

'Italica') ist eine durch Mutation in der Wuchsform veränderte Schwarzpappel.
Bestimmungshinweis: Im Winter gut zu erkennen an den kahlen, glänzend lehmgelben Trieben mit großen, klebrigen, lang zugespitzten Winterknospen, die dem Zweig anliegen.

Graupappel

Populus canescens Sm.
Gestalt: Bis 38 m.
Blätter: Größe und Form sehr veränderlich, 4–10 (–15) cm lang; an Kurztrieben rundlich bis eiförmig, ungelappt, grob stumpf gezähnt, an Langtrieben mehr oder weniger schwach gelappt. Unterseits graufilzig, mit der Zeit verkahlend.
Blüten: Wie Silberpappel (→ Seite 94).
Früchte: Wie Silberpappel.
Rinde: Wie Silberpappel (→ Bild Seite 41) .
Verbreitung: Mittel-, Sudosteuropa, Westasien.
Standort: Auwälder großer Flußniederungen, relativ standortstolerant.
Wissenswertes: Die Graupappel gilt als natürlicher Hybrid zwischen der Silber- und der Zitterpappel (→ Seite 95). Wie diese bildet sie Wurzelsprossen. Ihr Höchstalter beträgt etwa 150 Jahre.
Bestimmungshinweis: Weist vor allem zur Silber-, aber auch zur Zitterpappel Übergänge auf. Im Unterschied zur Silberpappel sind die Blätter auch an Langtrieben nur schwach gelappt und unterseits weniger dicht behaart (in vielen Fällen ist eine Unterscheidung anhand der Blätter überhaupt nicht möglich). Von der Zitterpappel dadurch zu unterscheiden, daß Blätter und Knospen zumindest anfangs graufilzig behaart sind.

Silberpappel

Silberpappel, Blattoberseite

Silberpappel, Blattunterseite

Von Natur aus kommt die Silberpappel in Auwäldern vor, vergesellschaftet mit der Stieleiche, der Esche und der Ulme. Weit verbreitet ist sie aber auch als Park – und Alleebaum. Ihr Erkennungsmerkal sind die weißfilzigen Blattunterseiten.

Silberpappel, Weißpappel

Populus alba L.

Gestalt: Bis 35 m.
Blätter: Stiel 2–5 cm lang, behaart; Spreite 4–10 cm lang, an kräftigen Trieben oft erheblich größer; rundlich bis eiförmig, an Langtrieben buchtig gelappt, an Kurztrieben ungelappt; Rand buchtig stumpf gezähnt; oberseits anfangs flaumig, später kahl und glänzend, unterseits mehr oder weniger bleibend weißfilzig behaart.
Blüten: III, IV. Kätzchen bis 10 cm lang. Tragblätter der Blüten bewimpert, mit kurzen, unregelmäßigen Zähnen.
Früchte: V, VI. Kleine Kapseln in hängenden Fruchtständen; Samen sehr klein.
Rinde: Hellgrau, lange glatt, mit großen, rautenförmigen Korkwarzen; Borke dunkelgrau, dick, tief längsgefurcht.
Verbreitung: Mittel-, Süd-, Osteuropa, Westsibirien, Westasien, Nordafrika.
Standort: Auwälder großer Flußniederungen. Frische bis feuchte, gelegentlich überflutete, nährstoffreiche Böden; auch auf trockenen, sandigen Böden; wärmebedürftig. Lichtbaumart.
Wissenswertes: Erreicht ein Alter von bis zu 400 Jahren; bildet reichlich Wurzelsprosse.
Bestimmungshinweis: Charakteristisch ist, daß zumindest die Blätter von Langtrieben unterseits dicht weißfilzig sind. Mit der Zeit verliert sich diese Behaarung. Die Blätter sind in Form und Größe sehr veränderlich, an Kurztrieben eher rundlich und ungelappt, an Langtrieben, besonders an kräftigen Schößlingen, größer und deutlich drei- bis fünflappig.

Zitterpappel, Blatt

Zitterpappel, männliche Blütenkätzchen

Zitterpappel im Herbst

Zitterpappel, Espe, Aspe

Populus tremula L.

Gestalt: Bis 30 m.
Blätter: Langestielt. Spreite an Kurztrieben 3–8 cm groß, rundlich mit grob, stumpf gezähntem Rand; an Langtrieben bis 15 cm groß, herzeiförmig mit feiner gezähntem Rand; meist kahl und oberseits glänzend.
Blüten: II – IV. Kätzchen bis 10 cm lang. Tragblätter dicht bewimpert, mit langen, spitzen Zähnen.
Früchte: V, VI. Kleine Kapseln in hängenden Fruchtständen. Samen sehr klein.
Rinde: Gelbbraun, lange glatt, mit großen, rautenförmigen Korkwarzen; Borke dunkelgrau, längsrissig.
Verbreitung: Europa bis Ostsibirien, Nordafrika, Kleinasien.
Standort: Von der Ebene bis in die subalpine Stufe. Laubmischwälder, Wald- und Wegränder, Ödland. Trockene bis nasse, nährstoffarme bis -reiche Böden. Lichtbaumart.
Wissenswertes: Die Zitterpappel ist eine äußerst standorttolerante Pionierbaumart. Sie ist sehr lichtbedürftig, weitgehend unempfindlich gegen Frost und in der Jugend sehr raschwüchsig. Sie fruchtet bereits in jungen Jahren und produziert alljährlich riesige Mengen sehr leichter, flugfähiger Samen. Darüber hinaus kann sie sich schnell und intensiv mit Wurzelsprossen ausbreiten. Meist wird sie nicht älter als 100 Jahre. Die langen, seitlich abgeflachten Blattstiele ermöglichen bereits bei leichtem Wind das sprichwörtliche „Zittern wie Espenlaub“.
Bestimmungshinweis: Typisch sind die langgestielten, rundichen, am Rand grob gezähnten, kahlen Blätter.

Weidengewächse

Silberweide im Winter

Die Weiden

Zur Gattung der Weiden zählen etwa 500 hauptsächlich in der Nordhemisphäre verbreitete, meist sommergrüne (alle unsere Arten) Gehölze. Typisch für sie ist, daß die Winterknospen nur von einer einzigen kapuzenartigen Schuppe umgeben sind. Die wechselständigen Blätter sind ungeteilt und meist kurzgestielt. Weiden sind zweihäusig, das heißt, die einzelne Pflanze hat entweder weibliche oder männliche Blüten. Blüten beiderlei Geschlechts sind in Kätzchen angeordnet. Die unscheinbaren Einzelblüten haben keine Blütenhülle, die männlichen meist zwei, nur wenige Arten mehr (bis zu acht) Staubblätter. Typisch für viele Weiden ist, daß die Kätzchen vor dem Aufblühen in einen weichen, silbrig-seidigen Pelz gehüllt sind (Palmkätzchen). Weidenblüten locken mit Hilfe von nektarausscheidenden Drüsen (Nektarien) bestäubende Insekten an. Sal- und Reifweide beispielsweise sind deshalb für Bienen wichtig, da sie im Vorfrühling zu einer Zeit blühen, in der die Bienen kaum andere Nahrung finden. Die Frucht der Weiden ist eine zweispaltig aufklappende Kapsel, die viele Samen enthält. Diese sind sehr klein, haben einen Haarschopf und werden, miteinander zur Samenwolle verstrickt, vom Wind oft über große Entferungen verbreitet. Die Samen können sofort nach der Reife keimen, verlieren die Fähigkeit dazu aber rasch. In Mitteleuropa sind etwa 30 Weidenarten einheimisch, nur wenige von ihnen sind Bäume.

Bei keiner einheimischen Laubholzgattung ist die Vielfalt an besiedelten Lebens-

Weidengewächse

Salweide, weibliche Blütenkätzchen

Salweide, männliche Blütenkätzchen

Silberweide, männliche Blütenkätzchen

Weiden sind zweihäusig. Auf einer Pflanze finden sich deshalb entweder nur männliche oder nur weibliche Blütenkätzchen. Jedes Kätzchen enthält, aufgereiht an einer Achse, viele winzigkleine, kelch- und kronblattlose Blüten, die zur Anlockung bestäubender Insekten reichlich Nektar absondern.

räumen, aber auch die Vielgestaltigkeit der Wuchsformen so groß wie bei den Weiden. Angehörige dieser Gattung dringen in den Alpen als nur wenige Dezimeter große Zwergsträucher oder am Boden kriechende Spaliersträucher bis weit über die Baumgrenze vor. Auf der anderen Seite wird die Silberweide in Auwäldern der Tieflagen ein stattlicher Baum, der unter günstigen Bedingungen 30 m hoch und 1 m dick werden kann. Zwischen diesen Extremen gibt es allerhand Übergänge, der Großteil der Weiden wächst strauchförmig.

Für die Nutzung des Holzes kommen in der Regel nur die Baumweiden in Frage. Weidenholz ist weich und relativ leicht. Verwendung fin det es bei der Herstellung von Span- und Faserplatten, Zellstoff, Spielwaren, Holzschuhen, Prothesen, Holzkisten oder Spankörben. Insgesamt gesehen ist die Weide auf dem Holzmarkt jedoch eher eine Randerscheinung. Eine gewisse wirtschaftliche Bedeutung hat sie dagegen heute noch in der Korbflechterei. Aus den langen, dünnen und biegsamenTrieben, den Weidenruten, lassen sich die verschiedensten Korbwaren herstellen. Zur Gewinnung der Ruten werden Baumweiden regelmäßig im Abstand einiger Jahre etwa auf Mannshöhe "geköpft". Auf diese Weise entstehen die „Kopfweiden“, die das Bild vieler Flußlandschaften prägen. Wegen ihrer Anspruchslosigkeit und Ausschlagfähigkeit sind Weiden schon traditionell in der Ingenieurbiologie von großer Bedeutung.

Silberweide

Hänge-Dotterweide

Silberweide, Zweig

Bruchweide, Zweig

Silberweide, Weißweide

Salix alba L.
Gestalt: Bis 30 m.
Blätter: Lanzettlich, 5–10 cm lang, lang zugespitzt, am Rand fein gesägt, beidseitig oder nur unterseits dicht anliegend silbrig seidig behaart; Stiel 2–8 mm lang, behaart.
Blüten: (→ Bild Seite 97) IV, V. Kätzchen an beblätterten Kurztrieben, schlank, bis 6 cm lang.
Früchte: V–VII.
Rinde: Borke grau, tief längsrissig.
Verbreitung: Europa, Westsibirien, Klein-, Westasien, Nordafrika.
Standort: Flußniederungen; wechselfeuchte, nährstoffreiche, meist kalkhaltige, sandige Auenböden. Halbschattenbaumart.
Wissenswertes: Der typische Standort der Silberweide, die periodisch überflutete Weichholzaue, ist infolge der Regulierung unserer Flüsse nurmehr in kümmerlichen Resten vorhanden. Die Hänge-Dotterweide ('*Tristis*') ist eine Trauerform der Silberweide mit langen, schlaff hängenden, gelben Zweigen.
Bestimmungshinweis: Oft schon aus der Entfernung an der silbrig-grauen Belaubung erkennbar. Im Unterschied zur Bruchweide Knospen, junge Triebe und Blätter seidig behaart.

Bruchweide, Knackweide

Salix fragilis L.
Unterschiede zur Silberweide:
Gestalt: Bis 20 m.
Blätter: Bis 18 cm lang, am Rand stärker gesägt, beidseitig kahl, oberseits glänzend; Stiel 1–2 cm lang, mit Drüsen.
Verbreitung: Europa, Westsibirien, Südwestasien.
Standort: Fluß- und Bach-

Salweide, Blattunterseite

Blühende, männliche Salweide

Salweide, Fruchtstände

Die Salweide ist ein typisches Pioniergehölz. Sehr häufig ist sie in Waldlichtungen, auf Brachflächen und in aufgelassenen Steinbrüchen und Kiesgruben. Solche Standorte kann sie rasch erobern, da sie schon in jungen Jahren zu blühen beginnt und alljährlich ungeheure Mengen winzigkleiner, gut keimfähiger Samen hervorbringt, die vom Wind über große Entfernungen verfrachtet werden.

auen; meist kalkarme Böden.
Bestimmungshinweis: Im Unterschied zur Silberweide Knospen, Triebe und die glänzenden Blätter kahl. Triebe glänzend gelbbraun, brechen an den Verzweigungsstellen leicht und mit einem knackenden Geräusch ab (Name!). Häufig Bastardbildung mit der Silberweide (= *Salix* x *rubens*).

Salweide

Salix caprea L.
Gestalt: Baum oder Strauch, bis 12 m.
Blätter: Oval, 4–10 cm lang, mit kurzer, meist etwas verdrehter Spitze, am Rand fein gesägt oder glatt; oberseits anfangs behaart, später kahl und oft etwas glänzend, unterseits graugrün bis weißlich, dicht weich behaart, Nervatur deutlich hervortretend.
Blüten: (→ Bilder Seite 97) III, IV. Kätzchen sehr kurz gestielt, eiförmig, 2–4,5 cm lang.
Früchte: V, VI.
Rinde: Anfangs grau, glatt, mit rautenförmigen Korkwarzen. Borke längsrissig.
Verbreitung: Europa, Sibirien, Klein-, Mittel-, Ostasien.
Standort: Von der Ebene bis zur Waldgrenze. Waldlichtungen, Wald- und Wegränder; Pionier auf Brachland, in Kiesgruben, an Boschungen. Bevorzugt feuchte, nährstoffreiche, lehmige Böden. Lichtbaumart.
Wissenswertes: Im Unterschied zu den meisten anderen Weiden lassen sich Salweiden schlecht durch Sproßstecklinge vermehren.
Bestimmungshinweis: Typisch sind die etwas runzeligen, elliptischen Blätter mit weich behaarter, grauer Unterseite.

Weidengewächse

Korbweiden

Korbweide, Zweig

Lavendelweide, Zweig

Mächtige Kopfweiden prägen das Bild vieler Flußlandschaften. Ihre teilweise hohlen Stämme bieten zahlreichen, bei uns selten gewordenen Tierarten Lebensraum, so der Hohltaube, dem Steinkauz, dem Siebenschläfer oder verschiedenen Baumfledermäusen.

Korbweide

Salix viminalis L.

Gestalt: Baum oder Strauch, bis 10 m.
Blätter: Schmal lanzettlich, bis 20 cm lang und 2 cm breit, Rand umgerollt und meist glatt, unterseits seidig schimmernd behaart. Stiel bis 1 cm lang.
Blüten: III, IV. Kätzchen kurzgestielt, zylindrisch.
Früchte: V, VI. Kapseln dicht und kurz behaart.
Rinde: Borke grau, tief längsrissig.
Verbreitung: Europa, Asien.
Standort: Meist in Tieflagen. Auengebüsche, Bach- und Flußufer. Sandig, schlickige Böden.
Bestimmungshinweis: Im Unterschied zur Lavendelweide weisen die Haare auf der Blattunterseite wie gekämmt in eine Richtung, wodurch ein metallisch-silbriger Glanz entsteht.

Lavendelweide, Grauweide

Salix elaeagnos Scop.

Unterschiede zur Korbweide:
Gestalt: Bis 16 m.
Blätter: Bis 15 cm lang, unterseits matt, graufilzig behaart. Stiel bis 5 mm lang.
Blüten: III–V. Kätzchen schlanker; die beiden Staubfäden der ♂ Blüte im unteren Drittel verwachsen.
Früchte: Kapseln kahl.
Verbreitung: Gebirge Mittel- und Südeuropas, Kleinasien.
Standort: Weidengebüsche entlang von Gebirgsflüssen (bis subalpin); Pionier auf wechselfeuchten, meist kalkhaltigen, sandig-kiesigen Böden.
Bestimmungshinweis: Anders als bei der Korbweide sind die Haare auf der Blattunterseite kreuz und quer zu einem dichten, glanzlosen Filz verwoben.

Reifweide, Zweig

Lorbeerweide, Blätter und Fruchtstände

Reifweide, bereifte Zweige im Winter

Reifweide

Salix daphnoides Vill.
Gestalt: Bis 15 m.
Blätter: Lanzettlich, 3–10 cm lang, am Rand fein gesägt, nur jung etwas behaart, später kahl, oberseits glänzend dunkelgrün. Nebenblätter mit Blattstiel verwachsen.
Blüten: III–V. Kätzchen ungestielt, zylindrisch, 3–5 cm lang.
Früchte: V–VII.
Rinde: Grau, seicht längsrissig.
Verbreitung: Europa.
Standort: An Gebirgsflüssen und -bächen; tonige Sand- oder Kiesböden.
Bestimmungshinweis: Triebe oft glänzend rötlich, im zweiten Jahr stellenweise bläulichweiß, abwischbar bereift (Name!).

Lorbeerweide

Salix pentandra L.
Gestalt: Baum oder Strauch, bis 12 m.
Blätter: Breit lanzettlich bis oval, 4–12 cm lang, kahl, oberseits glänzend dunkelgrün, am Rand fein drüsig gesägt, Drüsen klebrig. Stiel mit Drüsen.
Blüten: V–VII. Kätzchen an belaubten Stielen, zylindrisch, mit Honiggeruch; ♂ Blüte mit 4–8 Staubblättern.
Früchte: VI–X. Fruchtkätzchen langgestielt, hängend.
Rinde: Borke dunkelgrau, längsrissig.
Verbreitung: Europa, Asien, Kaukasus.
Standort: Auengebüsche (bis subalpin), Erlenbruchwälder, Moore. Torf- oder sandig-kiesige Böden.
Bestimmungshinweis: Blüht und fruchtet von allen Weiden am spätesten. Blühende Kätzchen verströmen Honiggeruch, die klebrigen, sattgrün glänzenden Blätter duften balsamisch. Triebe kahl, lackartig glänzend.

Moorbirken

Die Birken

Es gibt rund 40 verschiedene Birkenarten, die über die gemäßigte Zone der Nordhemisphäre bis in subarktische Regionen verbreitet sind. Alle sind sommergrüne Gehölze mit wechselständigen, ungeteilten, am Rand gesägten oder gezähnten Blättern. Die Blüten sind eingeschlechtig, normalerweise einhäusig verteilt und zu Kätzchen vereinigt. Die Bestäubung erfolgt durch den Wind. Die weiblichen Kätzchen entwickeln sich zu mehr oder weniger dickwalzigen Fruchtzäpfchen. Diese zerfallen bei der Reife und entlassen die winzigen, mit zwei häutigen Flügeln versehenen Nußfrüchte.

Für die Beliebtheit der Birken ist vor allem die Farbe ihrer Rinde verantwortlich. Vom leuchtenden Weiß (hervorgerufen durch das Triterpenderivat Betulin) reicht die Palette möglicher Farben über Orange und verschiedene Brauntöne bis hin zu Tiefschwarz. Erhöht wird die Attraktivität oft dadurch, daß die Rinde sich in papierdünnen, schmalen Streifen oder in großen, krausen Fetzen vom Stamm ablöst. Es verwundert deshalb nicht, daß bei uns viele durch ihre Rindenfarbe und -struktur besonders exotisch anmutende Birken aus Ostasien oder Nordamerika als Ziergehölze sehr geschätzt sind. Einheimisch sind in Mitteleuropa vier Birkenarten.

Die **Zwergbirke** (*Betula nana*) und die **Strauchbirke** (*Betula humilis*) sind kleine, in ihrer Verbreitung weitgehend auf Moore beschränkte Sträucher. Weit häufiger und richtige Bäume sind Moor- und Hängebirke. Forstwirtschaftlich spielen beide bei

Birkengewächse

Japanische Kirschenbirke, Rinde

Gelbbirke, Rinde

Rote China-Birke, Rinde

Maximowiczs-Birke, Rinde

Papierbirke, Rinde

Moorbirke, Rinde

uns keine große Rolle. Viele Förster sehen in Birken ohnehin eher ein „Unkraut“, das die „wertvolleren“ Wirtschaftsbaumarten im Wuchs bedrängt und deshalb bekämpft werden muß. Dabei können sie sich bei uns in den meisten Wäldern ohnehin nicht auf Dauer behaupten. Als klassische Pionierarten produzieren Birken zwar große Mengen an Früchten, die vom Wind über weite Entfernungen verfrachtet werden können. Sie sind darüber hinaus anspruchslos, frosthart und in der Jugend äußerst raschwüchsig, alles Eigenschaften, die eine Baumart braucht, um als erste auf waldfreien Flächen fußzufassen. Ihr Nachteil ist allerdings, daß sie zum Gedeihen viel Licht brauchen und überdies nur eine geringe Lebenserwartung haben. Birken mit einem Alter von mehr als 100 Jahren sind die Ausnahme. So kommt es, daß im Laufe der natürlichen Waldentwicklung langlebigere und schattentolerantere Arten, allen voran die Rotbuche, die Birken verdrängen. Ihr Schicksal ist es, auf Standorte auszuweichen, die anderen Baumarten zu kalt, zu naß, zu nährstoffarm oder zu trocken sind.

Das Holz von Moor- und Hängebirke unterscheidet sich so gut wie nicht. Es ist sehr fein strukturiert, hell und oft mit einem leichten seidigen Glanz, relativ weich (sogenanntes Weichlaubholz wie Pappel oder Erle), aber zäh und elastisch. Wichtige Verwendungsbereiche sind der Möbelbau, die Drechslerei und Holzschnitzerei. Sehr begehrt ist es als Kaminholz.

Hängebirken-Allee

Hängebirke, Sandbirke, Weißbirke, Warzenbirke
Betula pendula Roth

Gestalt: Bis 30 m. Äste meist spitzwinklig ansteigend. Zweigspitzen mehr oder weniger stark hängend.
Blätter: Dreieckig bis rautenförmig, 4–7 cm lang, lang zugespitzt, am Rand doppelt gesägt, kahl, anfangs oft klebrig. Stiel kahl. Herbstfärbung gelb.
Blüten: IV, V. ♂ Kätzchen bereits im Spätsommer des Vorjahres sichtbar, zur Blütezeit bis 10 cm lang. ♀ Kätzchen aufrecht, schlank, 2–4 cm lang, grün.
Früchte: VII–IX. In dickwalzigen Zäpfchen. Jeder der beiden Fruchtflügel etwa zwei-bis dreimal so breit wie die Nuß.
Rinde: Glänzend weiß, mit dunklen, quergestellten Korkwarzen, blättert mit feinen, papierartigen Querstreifen ab. Borke schwärzlich, hart, tief längsrissig (→ Bilder Seite 39).
Verbreitung: Europa, Sibirien, Kaukasus, Kleinasien, Nordpersien.
Standort: Von der Ebene bis in die subalpine Stufe. Lichte Laub- und Nadelwälder, Waldränder, Heiden, Brachflächen. Anspruchslos, gedeiht noch auf sehr trockenen, nährstoffarmen, sauren Böden, verträgt aber auch hohe Bodenfeuchtigkeit. Ausgesprochen frostharte, mäßig tief, aber intensiv wurzelnde Lichtbaumart.
Bestimmungshinweis: Als Birke von weitem an der weißen Rinde erkennbar. Der Habitus mit den mehr oder weniger schlaff hängenden Zweigen (Name!) variiert von Baum zu Baum, typisch ausgeprägt ist er nur bei älteren Bäumen. Im Unterschied zur Moorbirke Blätter (auch Blattstiele)

Hängebirke, Fruchtzäpfchen

Moorbirke, männliche Kätzchen

Moorbirke, Fruchtzäpfchen

Moorbirken

und Triebe kahl (ganz jung mitunter etwas behaart), Triebe oft etwas klebrig, mit zahlreichen warzigen Harzdrüsen (Warzenbirke!).

Moorbirke, Haarbirke

Betula pubescens Ehrh.
Gestalt: Bis 30 m. Äste und Zweige mehr oder weniger starr abstehend.
Blätter: Ei- bis rautenförmig, spitz, 3–6 cm lang, Ecken meist abgerundet, einfach bis doppelt gesägt, unterseits behaart, später oft bis auf die Nervenwinkel verkahlend. Stiel behaart. Herbstfärbung gelb.
Blüten: Wie Hängebirke.
Früchte: Wie Hängebirke, aber jeder der beiden Fruchtflügel nicht viel breiter als die Nuß.
Rinde: Wie Hängebirke, aber oft nicht so hell, eher mattweiß; späterer Beginn der Borkenbildung (→ Bild Seite 103). .
Verbreitung: Europa (ohne Mittelmeergebiet), Sibirien, Kaukasus.
Standort: Von der Ebene bis zur Waldgrenze im Gebirge (in den Zentralalpen bis etwa 2200 m). Moor- und Bruchwälder, subalpine Fichten- und Lärchen-Zirbenwälder. Meist auf feuchten bis nassen, nährstoffarmen, sauren, humosen Böden. Abgesehen vom höheren Feuchtigkeitsbedarf noch anspruchsloser als die Hängebirke. Frostharte, mäßig tief, aber intensiv wurzelnde Lichtbaumart.
Bestimmungshinweis: Im Unterschied zur Hängebirke Zweigspitzen nicht oder kaum überhängend. Die jungen Triebe sind flaumig behaart. Oft verkahlen sie, deshalb immer die jüngsten Triebspitzen betrachten. Triebe ohne oder mit nur ganz wenigen Warzen.

Gelbbirke

In Parks und Gärten kommen folgende Birkenarten gelegentlich als Zierbäume vor:

Schwarzbirke, Flußbirke
Betula nigra L.
Gestalt: Bis 30 m.
Blätter: Ei- bis rautenförmig, 3–9 cm lang, grob doppelt gesägt bis schwach gelappt, unterseits graugrün bis weißlich und mehr oder weniger behaart.
Rinde: Rotbraun bis silbergrau; von jüngeren Stämmen und Ästen blättern oft große, krause Fetzen ab. Borke schwärzlich.
Verbreitung: Östliche USA.

Papierbirke
Betula papyrifera Marsh.
Gestalt: Bis 40 m.
Blätter: Eiförmig, spitz, 4–10 cm lang, grob doppelt gesägt, anfangs beidseitig behaart, später verkahlend.
Rinde: (→ Bild Seite 103). Glatt, weiß, blättert mit feinen Querstreifen ab, worauf die inneren, orangefarbenen Rindenschichten zum Vorschein kommen. Borke braun, rissig.
Verbreitung: Nördliches Nordamerika.

Maximowiczs-Birke
Betula maximowicziana Reg.
Gestalt: Bis 30 m.
Blätter: Herz- bis eiförmig (lindenblattähnlich), spitz, sehr groß (bis 15 cm lang und 11 cm breit), ungleich gesägt bis gezähnt.
Rinde: (→ Bild Seite 103). Orangebraun, grau oder weiß; blättert mit feinen Querstreifen ab.
Verbreitung: Japan.

Rote China-Birke
Betula albosinensis Burk.
Gestalt: Bis 20 m.
Blätter: Länglich eiförmig,

Japanische Kirschenbirke, Blatt

Maximowiczs-Birke, Blatt

Papierbirke, Blatt

Ermans-Birke, Blatt

Rote China-Birke, Blatt

Schwarzbirke, Blatt

mit ausgezogener Spitze, 5–9 cm lang, doppelt gesägt, unterseits auf den Nerven meist seidig behaart. Stiel 1–2,5 cm lang, drüsig.
Rinde: Glatt, gelbweiß, rötlich oder reinweiß, blättert mit feinen Querstreifen ab.
Verbreitung: Nordostasien, Japan.

Rinde: (→ Bild Seite 103). Glatt, orange bis rotbraun, blättert mit feinen Querstreifen ab.
Verbreitung: China.

Ermans-Birke
Betula ermanii Cham.
Gestalt: Bis 20 m.
Blätter: Dreieckig bis breit eiförmig mit runder, quer abgeschnittener oder herzförmiger Basis und ausgezogener Spitze, 5–10 cm lang, grob gesägt.

Japanische Kirschenbirke
Betula grossa S. & Z.
Gestalt: Bis 25 m.
Blätter: Eiförmig mit ausgezogener Spitze, Basis meist herzförmig, 5–10 cm lang, doppelt gesägt, unterseits Nerven ebenso wie der 1–2,5 cm lange Stiel seidig behaart.
Rinde: Glatt, dunkelgrau bis schwarzbraun, erst im hohen Alter aufreißend (→ Bild Seite 103).
Verbreitung: Japan.

Gelbbirke
Betula alleghaniensis Britt.
Gestalt: Bis 30 m.
Blätter: Eiförmig mit ausgezogener Spitze, Basis meist herzförmig, 7–13 cm lang, doppelt gesägt, unterseits auf den Nerven seidig behaart. Stiel bis 1 cm lang.
Rinde: (→ Bild Seite103). Glänzend gelblich bis silbergrau oder graubraun, blättert mit feinen papierartigen Querstreifen ab.
Verbreitung: Östliches Nordamerika.

Birkengewächse

Schwarzerle

Schwarzerle, Blatt

Schwarzerle, Fruchtzäpfchen

Schwarzerle im Bruchwald

Die Erlen

Die Erlen sind eine Gattung der Birkengewächse mit rund 30 sommergrünen Baum- und Straucharten, die fast alle in der Nordhemisphäre verbreitet sind. Kennzeichen: Blätter wechselständig, einfach, gesägt. Blüten einhäusig verteilt, in Kätzchen, windbestäubt. ♂ Kätzchen lang, zur Blütezeit schlaff hängend, ♀ Kätzchen kurz, zäpfchenartig, entwickeln sich im Zuge der Samenreife zu holzigen Fruchtständen (Zäpfchen), die oft noch lange nach dem Ausfliegen der kleinen Nußfrüchte am Baum bleiben. In Mitteleuropa sind drei Arten einheimisch: die Schwarzerle, die Grauerle und die strauchige Grünerle.
Die einheimischen Erlen leben in Symbiose mit „Strahlenpilzen" (Actinomyceten), die zur Bindung von Luftstickstoff befähigt sind. Ort dieser Lebensgemeinschaft sind knöllchenartige, bis faustgroße Wucherungen an den Wurzeln. Dadurch kommt es unter Erlen zu einer Anreicherung von Stickstoff im Boden.
Erlenholz wird zur Herstellung von Möbeln, Kisten und verschiedenen Haus- und Küchengeräten sowie für Schnitzer- und Drechslerarbeiten verwendet. Erlen sind kurzlebig: Schwarzerle bis etwa 120 Jahre. Grauerle selten mehr als 50 Jahre.

Schwarzerle, Roterle

Alnus glutinosa Gaertn.
Gestalt: Bis 35 m.
Blätter: Rundlich bis oval, 4–10 cm lang, vorne rund oder eingebuchtet, anfangs klebrig, 5–8 Paar Seitennerven, unterseits in den Nervenwinkeln bärtig, sonst kahl.
Blüten: III, IV. Die Kätzchen

Grauerle, Blatt

Grauerle, Blütenkätzchen

Die Grauerle ist im Gebirge zu Hause. Große Bedeutung kommt ihr hier bei der Sicherung rutschgefährdeter Hänge und Uferböschungen zu, nicht zuletzt deshalb, weil sie reichlich Wurzelsprosse bildet.

Grauerlen

erscheinen schon im Sommer vor der Blüte.
Früchte: IX, X. Fruchtzäpfchen 1–2 cm groß, gestielt.
Rinde: Anfangs glatt, glänzend rotbraun. Frühe Bildung einer dunklen, rissigen Borke (→ Bild Seite 42).
Verbreitung: Europa, Kaukasus, Sibirien, Nordafrika.
Standort: Meist in tieferen Lagen. Bach- und Flußufer, feuchte Laubwälder, vor allem Au- und Erlenbruchwälder. Bevorzugt auf nassen, tiefgründigen, meist kalkarmen, nährstoff- und humusreichen Böden.
Frostharte Lichtbaumart.
Bestimmungshinweis: Ähnelt der Grauerle.

Grauerle, Weißerle

Alnus incana Moench
Unterschiede zur Schwarzerle:
Gestalt: Bis 25 m. Oft mehrstämmig.
Blätter: Oval, spitz, nicht klebrig, 8–15 Paar Seitennerven, unterseits graugrün, behaart oder kahl, ohne Achselbärte.
Früchte: Fruchtzäpfchen etwas kleiner, die seitenständigen sitzend oder kurzgestielt.
Rinde: Glatt, grau, kaum Borkenbildung; Stämme oft spannrückig (→ Bild Seite 42).
Verbreitung: Europa, Kaukasus.
Standort: Gebirge. An Fließgewässern. Feuchte, meist nährstoffreiche, kalkhaltige Böden, meidet Staunässe.
Erträgt mehr Trockenheit als die Schwarzerle.
Bestimmungshinweis: Ähnelt der Schwarzerle.
Die in Gebirgen vorkommende, strauchig wachsende **Grünerle** (*Alnus viridis*) hat kleinere, unterseits hellgrüne und bis auf die Nervenwinkel kahle Blätter.

Hainbuche, Blätter

Hainbuche, männliche Kätzchen

Hainbuche, Früchte

Hainbuchen im Herbst

Die Hainbuche ist eine Laubmischwaldart. Ähnlich wie die Eiche wurde sie durch die Nieder- und Mittelwaldwirtschaft vergangener Jahrhunderte stark begünstigt, da sie sehr gut aus dem Stock ausschlägt. Typisch für Hainbuchen ist der graue, glattrindige Stamm mit meist deutlichen Längswülsten und Furchen (Spannrückigkeit).

Hainbuche, Hagebuche

Carpinus betulus L.
Gestalt: Bis 30 m. Sommergrün.
Blätter: Oval bis breit lanzettlich, 5–11 cm lang, doppelt gesägt, Seitennerven zum Blattrand hin nicht oder selten verzweigt. Stiel oft rötlich.
Blüten: V, VI. Einhäusig verteilt. ♂ Kätzchen an vorjährigen Trieben, die ♀ endständig an diesjährigen Trieben. Windbestäubung.
Früchte: IX, X. Nuß am Grunde einer dreilappigen Hülle in bis zu 15 cm langen Fruchtständen.
Rinde: Glatt, grau, netzartig gemustert, später seicht rissig. Kaum Borkenbildung. Stamm spannrückig [mit Längswülsten und Furchen] (→ Bild Seite 42).
Verbreitung: Europa, Kaukasus, Kleinasien.
Standort: Laubmischwälder, Gebüsche und Hecken des Tief- und Hügellandes. Frische bis feuchte, nährstoffreiche, tiefgründige, lehmige Böden. Tiefwurzelnde Halbschattenbaumart.
Wissenswertes: Das Holz zählt zu den schwersten unter den einheimischen Baumarten. Es ist äußerst elastisch und fest und ein Spezialholz für Gebrauchsgegenstände, die mechanisch stark beansprucht werden. Es hat einen hohen Brennwert. Der Name Hagebuche geht auf die Nutzung als Heckenpflanze zurück. Das althochdeutsche „Hag“ bezeichnet ein durch eine Hecke eingefriedetes Stück Land. Hagebuchen eignen sich hierfür hervorragend, da sie nach Rückschnitt problemlos wieder austreiben. Höchstalter etwa 150 Jahre.
Bestimmungshinweis: Ähnelt der Hopfenbuche.

Gemeine Hopfenbuche, Fruchtstand

Baumhasel, Blatt

Baumhasel, Fruchtstand

Gemeine Hopfenbuche
Ostrya carpinifolia Scop.
Gestalt: Baum oder Strauch, bis 20 m. Sommergrün.
Blätter: Wie Hainbuche, aber meist einige Seitennerven zum Blattrand hin verzeigt. Stiel meist grün.
Blüten: IV, V. Einhäusig verteil. ♂ Kätzchen erscheinen (im Unterschied zur Hainbuche) bereits im Vorjahr. ♀ Kätzchen an der Spitze beblätterter Triebe.
Früchte: IX, X. Nuß von einer sackförmigen Fruchthülle umschlossen.
Rinde: Anfangs glatt, grau. Borke dunkel, schuppig.
Verbreitung: Südeuropa, Kleinasien, Kaukasus.
Standort: Warme, trockene, steinige Hänge.
Bestimmungshinweis: Von der Hainbuche durch die hopfenähnlichen Fruchtstände und die rissige Borke zu unterscheiden.

Baumhasel
Corylus colurna L.
Gestalt: Bis 20 m. Sommergrün.
Blätter: Oval oder rundlich, spitz, Basis herzförmig, 7–15 cm lang, doppelt gesägt bis schwach gelappt. Stiel 2–6 cm lang.
Blüten: II–IV. ♂ in Kätzchen. ♀ Blütenstände wie Laubknospen, aber mit fädigen, roten Narben.
Früchte: IX, X. Nüsse bis 2 cm groß, umgeben von einer drüsigen, tief zerschlitzten Hülle. Samen eßbar.
Rinde: Graue, rauhschuppige Borke.
Verbreitung: Südosteuropa bis Westasien. In Mitteleuropa Parkbaum.
Standort: Wärmeliebende Eichenmischwälder.
Bestimmungshinweis: Im Unterschied zur einheimischen Haselnuß einstämmiger Baum mit rauher Borke.

Buchengewächse

Rotbuche

Die Buchen

Die Buche ist die namensgebende Gattung der Familie der Buchengewächse, zu denen auch die Edelkastanie und die Eiche gehören. Gemeinsames Merkmal dieser Familie ist, daß der ♀ Blütenstand von einem becherförmigen, im Zuge der Reife verholzenden Fruchtbecher mehr oder weniger stark umschlossen ist.
Hätte der Mensch nicht massiv in die Natur eingegriffen, Buchenwälder oder buchenreiche Wälder würden weite Teile Mittel- und Westeuropas bedecken. Das relativ ausgeglichene, feuchtmilde Klima in diesem Raum ist optimal für die Rotbuche.
Sie ist zwar bei uns noch immer der häufigste und wirtschaftlich wichtigste Laubbaum, doch wurden viele Buchenwälder zugunsten der Landwirtschaft gerodet oder in Erwartung höherer Erträge in Fichtenwälder umgewandelt. Die Konkurrenzkraft der Buche schwindet dort, wo strenge Winterfröste oder gehäuft Spätfröste auftreten. Ferner meidet sie Trockenheit und nasse Böden (z.B. den Auwald). Einen entscheidenden Wettbewerbsvorteil gegenüber anderen, lichtbedürftigeren Baumarten erlangt die Buche dadurch, daß sie auch im Schatten gedeihen kann.
Buchen können bis etwa 300 Jahre alt werden und beachtliche Dimensionen erreichen (bis 40 m Höhe und 1,5 m Stammdurchmesser).
Das Holz ist schlicht rötlichweiß, im Alter tritt gelegentlich ein rotbrauner Farbkern auf. Es ist hart, schwer und fest und läßt sich gut bearbeiten. Wichtige Verwendungsbereiche sind die Bautischlerei, die Herstellung von Möbeln, Eisenbahn-

Buchengewächse

Rotbuche, weibliche Blütenstände

Rotbuche, männliche Blütenstände

Rotbuche, Blätter

Rotbuche, Fruchtbecher

Die Rotbuche ist die von Natur aus konkurrenzkräftigste Baumart Mitteleuropas. Während sie im geschlossenen Wald lange, bis hoch hinauf astfreie Stämme bildet, entwickelt sie im Freistand über einem kurzen, tief beasteten Stamm eine mächtige, runde und sehr dicht belaubte Krone (→ Bilder Seite 14/15). Die Blüten erscheinen im Frühjahr zusammen mit den Blättern. Die geöffneten Fruchtbecher bleiben nach dem Ausfallen der Bucheckern noch für einige Zeit am Baum.

schwellen, Haus- und Küchengeräten, Spielzeug und Zellstoff. Buchenholz hat einen hohen Brennwert. In Parks trifft man oft Zierformen der Rotbuche an. Blutbuchen haben mehr oder weniger dunkelrote Laubblätter.
Bei den Trauerbuchen hängen die Zweige bogig herab.

Rotbuche

Fagus sylvatica L.
Gestalt: Bis 40 m. Sommergrün.
Blätter: Oval, 5–10 cm lang, ganzrandig oder leicht gezähnt, anfangs seidig behaart, verkahlend.
Blüten: IV, V. Einhäusig verteilt. ♂ in langgestielten, hängenden Büscheln, ♀ zu je 2 in aufrechten, filzigen Köpfchen. Windbestäubung.
Früchte: IX, X. Je 2 scharf dreikantige, 1–2 cm lange Nüsse (Bucheckern) in einem verholzten, stacheligen Fruchtbecher, der sich zur Reifezeit mit 4 Klappen öffnet.
Rinde: Silbergrau, bis ins hohe Alter glatt. Kaum Borkenbildung (→ Bild Seite 42).
Verbreitung: Europa.
Standort: Laubwälder der Tieflagen bis in die montane Stufe (in Südeuropa nur im Gebirge). Optimal sind frische, mittel- bis tiefgründige, lockere, nährstoffreiche Lehmböden, gedeiht aber auch auf sauren Böden. Tiefwurzelnde Schattenbaumart.
Bestimmungshinweis: In Parks wächst gelegentlich die ähnliche **Orientbuche** (*Fagus orientalis*), deren Heimat Südosteuropa, Nordpersien, der Kaukasus und Kleinasien ist. Sie hat etwas größere Blätter mit 7–12 Paar, unterseits seidig behaarten Seitennerven (Rotbuche 5–9 Paar).

Edelkastanien-Hain im Herbst

Die Edelkastanien

Die Gattung Kastanie gehört in die Familie der Buchengewächse und umfaßt etwa 10 sommergrüne Baum- oder Straucharten. Bereits der wissenschaftliche Name des einzigen europäischen Vertreters dieser Gattung, der Edelkastanie, weist darauf hin, daß dieser Baum eine alte Kulturpflanze ist: die Artbezeichnung „sativa" bedeutet „angepflanzt". Die stärkereichen Früchte, die Kastanien oder Maronen, waren früher vor allem in Italien ein wichtiges Nahrungsmittel. Kastanienholz, dem der Eiche ähnlich, war zur Herstellung von Möbeln, Faßdauben, Zaunpfählen, Rebstöcken, aber auch als Konstruktionsholz im Innen- und Außenbau sehr begehrt. Die Heimat der Edelkastanie vermutet man in Südwestasien. Seit langem ist sie im gesamten Mittelmeergebiet bis an den Südrand der Alpen eingebürgert. Vermutlich waren es die Römer, die sie zusammen mit dem Wein zu uns nach Mitteleuropa brachten. In Weinbaugegenden, beispielsweise am Oberrhein oder den Hängen von Mosel, Saar und Nahe, fühlt sie sich durchaus wohl. Eine Rindenkrankheit, der Kastanienkrebs, hat in vielen Beständen Südeuropas verheerende Schäden angerichtet. In jüngerer Zeit scheint diese Epidemie an Wucht verloren zu haben, da der Erreger, ein ursprünglich aus Ostasien stammender und erst 1938 über Nordamerika nach Europa eingeschleppter Pilz (*Cryphonectria parasitica*), in seiner Virulenz schwächer geworden ist.

Edelkastanie, Blätter

Edelkastanie, Fruchtstände

Edelkastanie, männliche Blütenstände

Die Früchte der Edelkastanie, die Maroni, stecken bis zur Reife im stacheligen Fruchtbecher. Eine Augenweide, aber auch eine Weide für zahlreiche Insekten, wie Käfer, Hummeln und Bienen, sind die intensiv duftenden Blüten. Mit der Roßkastanie ist die Edelkastanie trotz der Namensähnlichkeit nicht näher verwandt.

Edelkastanie, Eßkastanie

Castanea sativa Mill.
Gestalt: Bis 35 m.
Blätter: Lanzettlich, 10–30 cm lang, derb, grob stachelig gezähnt, oberseits glänzend.
Blüten: V–VII. Einhäusig verteilt. ♂ in ährigen, bis 25 cm langen, aufrechten Blütenständen; ♀ zu 1–3 am Grunde der ♂ Kätzchen oder in eigenen Blütenständen, umhüllt von einem Fruchtbecher mit lanzettlichen Schuppen. (→ Bild Seite 28)
Früchte: IX, X. Glänzend braune, 2–3 cm große Nüsse (Kastanien, Maronen); zu 1–3 vom bis faustgroßen, stacheligen, gelblichgrünen bis braunen Fruchtbecher umschlossen, der sich reif mit 4 Klappen öffnet (→ Bild Seite 29). Samen eßbar.
Rinde: Anfangs glatt, olivbraun. Borke graubraun, mit tiefen Längsfurchen (→ Bild Seite 43).
Verbreitung: Süd-, Südosteuropa, südliches Mitteleuropa, Kleinasien, Kaukasus.
Standort: Laubmischwälder niederschlagsreicher, sommerwarmer, wintermilder Lagen. Bevorzugt auf kalkarmen bis stark sauren, frischen bis feuchten, lockeren Böden Tiefwurzelnde Halbschattenbaumart.
Wissenswertes: Schlägt sehr gut aus dem Stock aus und wird deshalb heute noch gebietsweise im Stockausschlagwald (Niederwald) bewirtschaftet. Die Bedeutung als Fruchtbaum ist zurückgegangen, auch forstlich spielt die Edelkastanie, obgleich Lieferant eines wertvollen Holzes, nur eine geringe Rolle. Höchstalter etwa 500 Jahre, manchen Angaben zufolge sogar 1000 Jahre.
Bestimmungshinweis: Anhand der Blätter, Blüten und Früchte unverwechselbar.

Buchengewächse

Stieleiche

Die Eichen

Wieviele Eichen es insgesamt gibt, vermag wohl niemand genau zu sagen. Schätzungen zufolge gehören zu dieser Gattung aus der Familie der Buchengewächse zwischen 250 und 600 Arten. Verbreitet sind sie in der gemäßigten Zone der Nordhemisphäre, einige Arten gehen südlich bis in tropische Gebiete.

Eichen sind eine äußerst vielgestaltige Gehölzgruppe. Zu ihr zählen sommer- und immergrüne Vertreter, mächtige Bäume genauso wie Sträucher.

Die wechselständigen, einfachen Blätter sind meist fiedrig gelappt, können aber auch ganzrandig oder gezähnt sein. Die Blüten sind einhäusig verteilt, die weibliche in hängenden Kätzchen, die männlichen in mehr oder weniger aufrechten Ähren. Die Frucht (Eichel) ist eine Nuß, die mit ihrem unteren Teil in einem teller- oder napfförmigen Fruchtbecher, der sogenannten Cupula, steckt.

Stieleiche und Traubeneiche sind nach der Rotbuche die häufigsten und wirtschaftlich wichtigsten Laubbäume Mitteleuropas. Von Natur aus haben sie es bei uns schwer, sich gegen die Konkurrenz der Buche zu behaupten. So ist die Stieleiche von Natur aus dort häufiger, wo es der Buche zu kalt oder der Boden sehr feucht und sauerstoffarm ist, während die Traubeneiche eher auf trockenen Standorten zu Hause ist. Auch auf sauren, nährstoffarmen Böden gelangen Eichen zur Vorherrschaft. Die heutige Verbreitung der Eiche ist stark vom Menschen beeinflußt. Jahrhundertelang war sie die wichtigste Wirtschaftsbau-

Stieleiche, Früchte

Roteiche, Früchte

Flaumeiche, Früchte

Zerreiche, Frucht

mart und wurde geschützt und gefördert, wo immer es möglich war. Vor allem die Nieder- und Mittelwaldwirtschaft kam der Eiche sehr entgegen, da sie bis ins hohe Alter kräftig aus dem Stock austreiben kann.
Eichenholz war ein unersetzlicher Bau- und Werkstoff, zugleich ein wichtiger Energielieferant. Aus der Rinde gewann man Stoffe zum Gerben von Leder. Schließlich waren die stärkereichen Eicheln unentbehrlich für die Ernährung der Schweine. Trugen die Eichen eine „Mast", so trieb man die Schweine einfach zur Weide in den Wald. Als der Schweinestall die Weide und die Kartoffel die Eichel ersetzt hatten, schwand schnell das Interesse an der Eiche. Als Folge davon wurden viele Eichenwälder in rascher Holz produzierende Nadelbaum-Forste umgewandelt. Erst in jüngerer Zeit setzen die Förster wieder vermehrt auf Eichen. Man hat erkannt, daß sie zwar im Vergleich zu Nadelbäumen langsamer wachsen, dafür aber ein ungleich wertvolleres Holz produzieren und dies in einem Wald, der unter ökologischen Gesichtspunkten einem Fichtenforst vorzuziehen ist. Stiel- und Traubeneiche können sehr alt werden. 300–400 Jahre sind keine Seltenheit, Höchstalter von 800 Jahren verbürgt. Eichenholz ist sehr hart, schwer und fest, das Kernholz auch ungeschützt sehr dauerhaft, unter Wasser fast unbegrenzt. Es wird im Brücken-, Wasser- und Grubenbau, für Treppen und Parkett sowie als Vollholz oder Furnier vornehmlich im Möbel- und Innenausbau verwendet und hat darüber hinaus einen hohen Brennwert.

Stieleiche

Stieleiche, männliche Kätzchen

Stieleiche, Blatt

Stieleiche

Quercus robur L.

Gestalt: Bis 40 m. Sommergrün. Stamm meist frühzeitig in starke Äste aufgelöst.
Blätter: 2–12 mm lang gestielt, oval bis verkehrt eiförmig, 6–16 cm lang, kahl (selten unterseits Büschelhaare entlang der Mittelrippe), auf jeder Seite 3–6 Lappen, Basis meist herzförmig und geöhrt, Seitennerven führen im mittleren Teil der Blattspreite auch in die Buchten.
Blüten: IV, V. ♀ Blütenstände deutlich gestielt (→ Bild Seite 25).
Früchte: IX, X. In langgestielten (Name!) Fruchtständen (→ Bild Seite 117). Eichel walzenförmig, bis 3,5 cm lang, reif braun, im frischen Zustand mit dunklen Längsstreifen.
Rinde: Borke dick, graubraun, tief längsgefurcht (→ Bild Seite 43).
Verbreitung: Europa, Kaukasus.
Standort: Laubmischwälder des Tief- und Hügellandes, in der montanen Stufe seltener. Bevorzugt auf frischen bis feuchten, nährstoffreichen, tiefgründigen Lehm- und Tonböden. Bestandsbildend in Flußniederungen (Hartholzaue) oder auf nährstoffarmen, sauren Böden. Tiefwurzelnde Lichtbaumart.
Bestimmungshinweis: Aufgrund ihrer großen Variabilität sind Stiel- und Traubeneiche manchmal schwer zu unterscheiden. Die Stieleiche hat kurze Blattstiele, aber langgestielte Fruchtstände. Bei der Traubeneiche ist es umgekehrt: Blatt lang-, Fruchtstände kurzgestielt. Probleme bei der Bestimmung treten auch dadurch auf, daß beide Arten gelegentlich miteinander bastardieren.

Traubeneiche, Blatt

Traubeneiche, Früchte

Traubeneiche

Traubeneiche

Quercus petraea (Matt.) Liebl.

Unterschiede zur Stieleiche:
Gestalt: Stamm oft bis zum Wipfel durchgehend.
Blätter: 1–3 cm lang gestielt, Spreite unterseits entlang der Mittelrippe stets mit Büschelhaaren, 4–8 Lappen auf jeder Seite, Basis keilförmig bis schwach herzförmig, nur ausnahmsweise führen im mittleren Spreitenteil Seitennerven in die weniger tiefen Buchten.
Blüten: ♀ Blütenstände kurz- oder ungestielt.
Früchte: Traubenförmig (Name!) gedrängt in sitzenden oder kurzgestielten Fruchtständen. Eichel meist ungestreift, einfarbig braun oder gescheckt.
Verbreitung: Europa, Kaukasus.
Standort: Meist im Hügel- und tieferen Bergland auf trockenen bis frischen, lockeren, nährstoffreichen oder -armen Stein- und Lehmböden; meidet Staunässe. Halblichtbaumart.
Wissenswertes: Trauben- und Stieleiche haben viele Schädlinge. Die Raupen verschiedener Schmetterlinge (z.B. Eichenwickler) verursachen in manchen Frühjahren starke Fraßschäden an den Blättern. Der Eichenmehltau, eine Pilzerkrankung, kann im Sommer Blätter und Triebe schädigen. Aufgrund ihrer enormen Regenerationsfähigkeit, bedingt vor allem durch die Möglichkeit, bei Bedarf aus „schlafenden Knospen" neu auszutreiben, gelingt es der Eiche in der Regel rasch, diese Schäden auszugleichen.
Bestimmungshinweis: Ähnelt der Stieleiche, hat jedoch langgestielte Blätter und kurzgestielte Fruchtstände.

Flaumeiche

Zerreiche, Blatt

Flaumeiche, Blatt

Flaumeiche
Quercus pubescens Willd.
Gestalt: Baum oder Strauch, bis 25 m. Sommergrün.
Blätter: 5–12 cm lang, fiedrig gelappt, unterseits graugrün und flaumig behaart.
Blüten: IV, V.
Früchte: IX, X. In kurzgestielten Fruchtständen. (→ Bild Seite 117).
Rinde: Graubraune, rissige Borke.
Verbreitung: Südeuropa, südliches Mittel- und Westeuropa, Kleinasien.
Standort: Trockene, kalkhaltige bis schwach saure, lockere, steinige Böden sonniger Hänge. Lichtbaumart.
Bestimmungshinweis: Junge Triebe, Blattstiele und Blattunterseiten flaumig behaart (Name!).

Zerreiche
Quercus cerris L.
Gestalt: Bis 35 m. Sommergrün.
Blätter: 8–15 cm lang, derb; unterseits rauh behaart, graugrün, unregelmäßig und meist tief eingeschnitten gelappt, Lappen rund oder spitz, oft grob gezähnt. Bleibende, fädige Nebenblätter.
Blüten: IV, V.
Früchte: IX, X. Fruchtbecher mit abstehenden, fadenförmigen Schuppen (→ Bild Seite 117). Reif im Herbst des 2. Jahres.
Rinde: Dunkle, tiefrissige Borke.
Verbreitung: Süd-, Südosteuropa, Kleinasien. In Mitteleuropa in Parks.
Standort: Flaumeichenwälder, Kalk- und Silikatböden.
Bestimmungshinweis: Auch im Winter gut daran zu erkennen, daß die Triebe rauh behaart und die Knospen von trockenen, fädigen Nebenblättern umhüllt sind.

Steineiche, Blätter und junge Früchte

Korkeiche, Blätter und junge Früchte

Steineiche, Borke

Korkeiche, Rinde

Steineiche

Quercus ilex L.
Gestalt: Baum oder Strauch, bis 25 m. Immergrün.
Blätter: Lederartig, lanzettlich bis oval, 3–8 cm lang, ganzrandig oder stachelspitzig gezähnt, unterseits graufilzig. Stiel bis 1,5 cm lang.
Blüten: IV, V.
Früchte: IX, X. Fruchtbecher mit dicht anliegenden, stumpfen Schuppen.
Rinde: Graue, feinrissig rechteckig gefelderte Borke.
Verbreitung: Mittelmeergebiet.
Standort: Mediterrane Hartlaubwälder und Gebüsche.
Bestimmungshinweis: Ähnelt der Korkeiche, kann jedoch anhand der Rinde gut unterschieden werden.

Korkeiche

Quercus suber L.
Gestalt: Baum oder Strauch, bis 20 m. Immergrün.
Blätter: Wie Steineiche.
Früchte: Wie Steineiche, Schuppen der Fruchtbecher ader lanzettlich, locker anliegend bis abstehend.
Rinde: Stämme und Äste mit einer dicken und grob gefurchten, weichen, aschgrauen Korkrinde. Frisch geschälte Stämme rotbraun.
Verbreitung: Mittelmeergebiet.
Standort: Mediterrane Hartlaubwälder und Gebüsche.
Wissenswertes: Zur Korkgewinnung seit langer Zeit in Kultur. Die zuerst gebildete, wenig elastische Korkrinde ist geringwertig. Nach dem Abschälen dieser Schicht im Alter von etwa 20 Jahren wird hochwertiger, weicher Kork gebildet, der wiederholt etwa alle 10 Jahre geerntet werden kann.
Bestimmungshinweis: Von der in der Belaubung ähnlichen Steineiche durch die Korkrinde verschieden.

Roteiche

Roteiche, männliche Blütenkätzchen

Roteiche, Blatt

Roteiche

Quercus rubra L.
Gestalt: Bis 50 m. Sommergrün.
Blätter: Spreite 10–25 cm lang, jederseits mit 4–6 grannenspitzig gezähnten Lappen, die Buchten dazwischen rund oder keilförmig und meist nicht tiefer als bis zur Mitte der Blattlängshälfte. Stiel 2-5 cm lang. Herbstfärbung rot, gelb oder braun.
Blüten: V.
Früchte: X. Gedrungen eiförmige, bis 2,5 cm große Eicheln, zu 1-2 an einem kurzen, dicken Stiel. Fruchtbecher flach, Eicheln im ersten Jahr nur erbsengroß, reif im Herbst des 2. Jahres (→ Bild Seite 117).
Rinde: Grau, lange Zeit glatt; Borke meist nicht sehr tief längsrissig.
Verbreitung: Östliches Nordamerika. In Europa eingebürgert.
Standort: Laubwälder. Feuchte, lehmige, aber auch relativ trockene, sandige Böden. Tiefwurzelnde Lichtbaumart.
Wissenswertes: Die Roteiche wurde bereits Ende des 17. Jahrhunderts nach Europa eingeführt und ist heute die forstlich wichtigste fremdländische Laubbaumart. Wegen ihrer attraktiven Herbstfärbung (nicht immer rot!) häufig an Wald- und Wegrändern oder als Parkbaum gepflanzt.
Bestimmungshinweis: Typisch ist die grannenspitzige Zähnung der Blattlappen. Ähnlich sind Sumpf- und Scharlacheiche (→ Seite 123), deren Blätter aber in der Regel etwas kleiner und tiefer gebuchtet sind.

Buchengewächse

Wintergrüne Eiche, Blatt

Ungarische Eiche, Blatt

Scharlacheiche, Blatt

Die Wintergrüne Eiche (*Quercus x turneri 'Pseudoturneri'*) ist eine ausschließlich als Zierbaum kultivierte, etwas frostempfindliche Eiche, die den Winter über grüne Blätter behält. Vermutlich ist sie ein Ende des 18. Jahrhunderts in England entstandener Hybrid zwischen der immergrünen Steineiche und der sommergrünen Stieleiche.

Persische Eiche, Blatt

Sumpfeiche, Blatt

Folgende Eichen kann man bei uns gelegentlich als Zierbäume antreffen:

Ungarische Eiche

Quercus frainetto Ten.
Gestalt: Bis 40 m. Sommergrün.
Blätter: Stiel 2–8 mm lang; Spreite 10–20 cm lang, unterseits behaart, jederseits mit 7–10 Lappen und tiefen, schmalen Buchten, Lappen meist gezähnt oder ihrerseits schwach gelappt.
Verbreitung: Süd-, Südosteuropa.

Persische Eiche

Quercus macranthera Fisch. et M.
Gestalt: Bis 20 m. Sommergrün.
Blätter: Stiel 1–2 cm lang; Spreite 6–18 cm lang, unterseits graufilzig, jederseits mit 7–11 Lappen, Buchten nicht so tief wie bei der Ungarischen Eiche. Bleibende, fädige Nebenblätter.
Verbreitung: Gebirge des Kaukasus und Nordpersiens.

Scharlacheiche

Quercus coccinea Muenchh.
Unterschiede zur ähnlichen Roteiche:
Gestalt: Bis 30 m.
Blätter: Im Mittel kleiner (8–18 cm lang), jederseits 3 (4) Lappen und tiefe, halbkreisförmige Buchten.
Verbreitung: Östliches Nordamerika.

Sumpfeiche

Quercus palustris Muenchh.
Unterschiede zur Roteiche:
Gestalt: Bis 30 m.
Blätter: Im Mittel kleiner (7–13 cm lang). Sonst wie Scharlacheiche.
Früchte: Kugelig, nur bis 12 mm groß.
Verbreitung: Östliches Nordamerika.

Ulmengewächse

Bergulme

Die Ulmen

Ulmen sind sommergrüne Bäume (selten Sträucher) mit wechselständigen, zweizeilig angeordneten, einfachen, am Rand gesägten Blättern. Auffallend an ihnen ist, daß die Blattbasis meist deutlich ungleichseitig (asymmetrisch) ist.
Die zwittrigen, in der Regel windbestäubten Blüten sind stets zu mehreren in dichten Büscheln und erscheinen, zumindest bei unseren Arten, im zeitigen Frühjahr lange vor den Blättern. Die Frucht ist eine flache, ringsum häutig geflügelte Nuß.
In Mitteleuropa sind drei Ulmen, die Berg-, Feld- und Flatterulme einheimisch.
Als typische Mischbaumarten kommen Ulmen in unseren Wäldern vorwiegend einzeln oder in kleinen Gruppen vor. Die häufigste ist die Bergulme, die vor allem in Bergwäldern als Begleiterin der Buche auftritt. Die Feldulme ist wärmebedürftiger. Ihre Hauptverbreitung liegt im südlichen Europa. Die Flatterulme schließlich ist ein typischer Baum der großen Niederungen Mittel- und Osteuropas.
Ulmenholz (im Holzhandel als Rüster bezeichnet) gilt wegen seiner schönen Maserung als eines der dekorativsten einheimischen Holzarten. Es hat einen gelblichweißen Splint und einen hell- bis schokoladenbraunen Kern und ist ziemlich schwer, hart und elastisch. Verwendet wird es im Möbelbau, in der Bauschreinerei und Drechslerei sowie zur Herstellung von Werkzeugstielen und Sportgeräten. Die einheimischen Ulmen unterscheiden sich im Holz wenig, allgemein gilt das der Feldulme als das beste.

Bergulme, Früchte

Bergulme, Blütenstände

Die Bergulme ist ein typischer Gebirgsbaum. Wie die anderen einheimischen Ulmen blüht sie sehr früh im Jahr. Oft sind die geflügelten Früchte bereits schon zur Zeit der Laubentfaltung voll entwickelt. Kennzeichnend für Ulmenblätter ist die mehr oder weniger deutlich asymmetrische Basis der Spreite.

Bergulme, Blätter

Bergulme

Ulmus glabra Huds.
Gestalt: Bis 40 m.
Blätter: 3–6 mm lang gestielt, oval, 8–16 cm lang, oft deutlich dreispitzig, oberseits rauh behaart und matt, am Rand doppelt gesägt.
Blüten: III, IV. Einzelblüte 3–5 mm lang, kurzgestielt, Blütenhülle rostrot bewimpert.
Früchte: IV–VI. 2–3 cm lang, kurzgestielt, Nüßchen in der Mitte der Flügelfrucht.
Rinde: Graubraune, längsrissige Borke.
Verbreitung: Europa, Kleinasien, Kaukasus.
Standort: Laubmischwälder des Hügel- und Berglandes. Nährstoffreiche, frische bis feuchte, tiefgründige, lockere Böden; bevorzugt kühl-humide Lagen (Schluchten, Schatthänge). Tiefwurzelnde Halbschattenbaumart.
Wissenswertes: Seit etwa 1920 verursacht das Ulmensterben in ganz Europa einen zum Teil bestandsbedrohenden Rückgang aller drei einheimischer Ulmen. Verursacht wird die Krankheit durch einen Pilz (*Ophiostoma ulmi*), der die Wasserleitbahnen des Baumes verstopft. Äußere Symptome sind Welkeerscheinungen und das Absterben von Ästen und Teilen der Krone bis hin zum Absterben des ganzen Baumes. Der Erreger wird von Ulmensplintkäfern verbreitet, praktikable Bekämpfungsmöglichkeiten gibt es nicht.
Bergulmen können bis zu 400 Jahre alt werden.
Bestimmungshinweis: Im Unterschied zu Feld- und Flatterulme (→ Seite 126) Blätter oberseits matt und rauh behaart, häufig dreispitzig.

Ulmengewächse

Flatterulme

Flatterulme, Zweig

Flatterulme, Früchte

Feldulme, Blatt

Flatterulme

Ulmus laevis Pall.
Unterschiede zur Feldulme:
Blätter: Anfangs beidseitig weich behaart, später oberseits kahl, schwach glänzend, unterseits mehr oder weniger bleibend weichhaarig.
Blüten: Langgestielt, Blütenbüschel deshalb locker und „flattrig" überhängend.
Früchte: Kleiner, langgestielt, hängend, Samen in der Mitte der Flügelfrucht, Flügel am Rand bewimpert.
Rinde: Borke oft schuppig abblätternd.
Verbreitung: Mittel-, Ost-, Südosteuropa, Kaukasus.
Standort: Vor allem Auwälder der Tieflagen.
Bestimmungshinweis: Blüten und Früchte langgestielt. Zweige ohne Korkleisten.

Feldulme

Ulmus minor Mill.
Gestalt: Bis 30 m.
Blätter: 5–15 mm lang gestielt, oval, 4–12 cm lang, oberseits meist kahl und glänzend, am Rand gesägt.
Blüten: III, IV. Einzelblüte 3-5 mm lang, kurzgestielt, Hülle weißlich bewimpert.
Früchte: IV–VI. 1,5–2,5 cm groß.
Rinde: Borke graubraun, längsrissig, oft gefeldert.
Verbreitung: Europa (ohne Skandinavien), Nordafrika, Kleinasien, Kaukasus.
Standort: Laubwälder und Gebüsche des Tief- und Hügellandes. Mäßig trockene bis frische, nährstoffreiche Böden. Tiefwurzelnde Halbschattenbaumart.
Wissenswertes: Starke Wurzelsproßbildung.
Bestimmungshinweis: Zweige oft mit längs verlaufenden Korkleisten. Blätter im Unterschied zur Bergulme (→ Seite 125)oberseits meist kahl und glänzend.

Südlicher Zürgelbaum

Südlicher Zürgelbaum, Zweig

Kaukasische Zelkove, Zweig

Südlicher Zürgelbaum

Celtis australis L.

Gestalt: Baum oder Strauch, bis 25 m. Sommergrün.
Blätter: Zweizeilig angeordnet. 5–16 cm lang, eiförmig bis lanzettlich, mit langer, fein ausgezogener Spitze, am Rand gesägt, oberseits rauh, unterseits weich behaart. An der asymmetrischen Blattbasis entspringen drei kräftige Blattnerven.
Blüten: V. Einzelne, langgestielte, kleine, blattachselständige Zwitterblüten mit zwei fedrigen Narben; daneben rein ♂ Blüten in wenigblütigen Büscheln.
Früchte: VIII–X. Kugelige, etwa 1 cm große, rotbraune bis schwarzviolette Steinfrüchte. Fruchtfleisch wohlschmeckend.
Rinde: Grau, lange Zeit glatt, im Alter aufreißend.
Verbreitung: Mittelmeergebiet, nördlich bis zu den Südalpen.
Standort: Laubwälder und Gebüsche. Trockene, steinige Böden. In Südeuropa oft als Straßenbaum gepflanzt. Nördlich der Alpen nur in milden Lagen winterhart.
Bestimmungshinweis: Typisch sind die buchenähnliche Rinde und die lang zugespitzten Blätter.
In Mitteleuropa wird gelegentlich der **Nordamerikanische Zürgelbaum** (*Celtis occidentalis*) kultiviert. Er hat eine rauhe, gefurchte Borke. Ebenfalls in Parks kann man die **Kaukasische Zelkove** (*Zelkova carpinifolia*) antreffen. Auffallend ist ihre bukettförmige Krone mit dichtgedrängten, steil aufwärts strebenden Ästen und die abschuppende, gescheckte Rinde. Die kurzgestielten, 2–7 cm langen, oberseits rauhen, lanzettlichen Blätter sind grob gesägt.

Echter Feigenbaum

Echter Feigenbaum, Blatt

Echter Feigenbaum, Fruchtstände

Echter Feigenbaum

Ficus carica L.

Gestalt: Baum oder Strauch, bis 10 m. Sommergrün.

Blätter: Wechselständig. Langgestielt, im Umriß rundlich, bis 20 cm groß, tief handförmig gebuchtet mit meist 5 (3–7) Lappen, selten auch ungelappt.

Blüten: Eingeschlechtig, klein. Sitzen im Innern der grünen, birnenförmigen Blütenstandsachse, die ♀ am Grunde des Hohlraums, die ♂ im oberen Teil nahe der winzigen Öffnung.

Früchte: Fruchtstand (Feige) birnenförmig, 5–8 cm lang, grün, braun oder violett bis schwarz, das eßbare Fruchtfleisch grün oder rot, enthält die kleinen Nüßchen.

Rinde: Grau, glatt.

Verbreitung: Mittelmeergebiet, nördlich bis zu den Südalpen; Südwestasien.

Standort: Trockene, steinige Hänge. Nördlich der Alpen nur in sehr milden Lagen winterhart.

Wissenswertes: Sehr alte Kulturpflanze. Getrocknete Feigen enthalten etwa 50% Zucker und sind reich an Kalzium. Kompliziert sind die blütenbiologischen Verhältnisse: Wildfeigen bilden pro Vegetationszeit drei Blütenstandsgenerationen aus. Zwei davon, die erste und letzte des Jahres, dienen der Vermehrung des Bestäuberinsekts, der Feigengallwespe (*Blastophaga psenes*). Nur aus den Blüten im Sommer gehen eßbare Feigen hervor. Bei Kulturfeigen weichen die Blütenverhältnisse mehr oder weniger stark von denen der Wildform ab. Zahlreiche Sorten produzieren Feigen, ohne bestäubt zu werden.

Bestimmungshinweis: Anhand der Blätter, Blüten und Früchte unverwechselbar.

Maulbeerbaumgewächse

Weißer Maulbeerbaum

Weißer Maulbeerbaum, Blatt

Weißer Maulbeerbaum, Früchte

Schwarzer Maulbeerbaum, Blatt

Weißer Maulbeerbaum

Morus alba L.

Gestalt: Baum oder Strauch, bis 15 m. Sommergrün.
Blätter: Wechselständig. Sehr vielgestaltig. Stiel über 1 cm lang, führt Milchsaft. Spreite 6–15 cm lang, breit eiförmig, spitz, am Grund meist herzförmig, ungelappt oder unregelmäßig gelappt, am Rand grob gesägt, oberseits kahl und glatt.
Blüten: V, VI. Eingeschlechtig, ein- oder zweihäusig verteilt, ♂ in gestielten, 1,5–3 cm langen, hellgrünen Kätzchen, ♀ in 5–12 mm großen, gestielten Köpfchen.
Früchte: VIII. Kleine von der fleischig gewordenen Blütenhülle umschlossene Nüßchen, die einen brombeerähnlichen Fruchtstand („Maulbeere") bilden; dieser 1–2,5 cm lang, gestielt, reif weiß, rosa oder violett; eßbar, schmeckt fadsüß.
Rinde: Graubraune, rissige Borke.
Verbreitung: Ursprünglich Ostasien. In Südost- und Südeuropa häufig, in Mitteleuropa in milden Lagen gelegentlich kultiviert.
Standort: Gebüsche, Gärten, Alleen.
Wissenswertes: Maulbeerbäume sind alte Kulturpflanzen. Die Blätter (vorzugsweise die zarten des Weißen Maulbeerbaums) dienen zur Aufzucht der Raupen des Seidenspinners.
Bestimmungshinweis: Sehr ähnlich ist der **Schwarze Maulbeerbaum** (*Morus nigra*). Er hat derbere, oberseits rauh behaarte Blätter und kurzgestielte bis sitzende, rötliche bis schwarze Früchte, die angenehm süßsäuerlich schmecken. Sie sind roh oder gekocht eßbar und werden zu Gelee, Marmelade, Sirup oder Wein verarbeitet.

Tulpenbaum

Tulpenbaum, Blatt

Tulpenbaum, Blüte

Der Tulpenbaum macht seinem Namen alle Ehre: Die großen, tulpenähnlichen Blüten sind eine wahre Pracht. Unverkennbar ist dieser beliebte Zierbaum auch durch seine eigenwillig geformten Blätter, die sich im Herbst goldgelb verfärben.

Tulpenbaum

Liriodendron tulipifera L.

Gestalt: In der Heimat bis 60 m, in Europa bis 35 m. Sommergrün.

Blätter: Langgestielt; Spreite im Umriß annähernd quadratisch, 8–18 cm groß, mit einem großen, zweispitzigen Lappen und zwei seitlichen Lappen. Herbstfärbung goldgelb.

Blüten: V–VII. Große, endständige, tulpenförmige Zwitterblüten. Blütenhülle mit 3 gelblichgrünen, abstehenden, rasch abfallenden Kelchblättern und 6 aufrechten, gelblichgrünen bis schwefelgelben, am Grunde orange gefleckten Kronblättern.

Früchte: X. Aufrechte, 6–8 cm lange, braune zapfenähnliche Sammelfrüchte mit vielen zungenförmig geflügelten Nüßchen.

Rinde: Dunkelgraue, längsrissige Borke.

Verbreitung: Östliches Nordamerika. In Europa beliebter Zierbaum.

Standort: Anspruchsvolle Lichtbaumart in Laubmischwäldern. Tiefgründige, lockere, frische bis feuchte, nährstoffreiche Böden.

Wissenswertes: Einer der größten und schönsten Laubbäume Nordamerikas (dort als „yellow poplar" bezeichnet). Das leichte und weiche Holz mit gelblichem oder bräunlichem Kern ist vor allem im Innenausbau, im Instrumentenbau und als Möbelholz sehr gefragt.
In Europa wegen der ansehnlichen Blüten und der schönen Herbstfärbung als Zierbaum sehr beliebt, versuchsweise auch forstlich angebaut.

Bestimmungshinweis: Aufgrund der Blätter und Blüten unverwechselbar.

Magnoliengewächse

Immergrüne Magnolie, Blüte

Kobushi-Magnolie, Blüten

Magnolien sind wegen ihrer prachtvollen, großen Blüten beliebte Ziergehölze. Die meisten der in unseren Gärten kultivierten Magnolien sind durch Auslese und Kreuzungen verschiedener Arten entstandene Sorten.

Immergrüne Magnolie

Immergrüne Magnolie

Magnolia grandiflora L.

Gestalt: Bis 25 m. Immergrün.

Blätter: Wechselständig. Derb ledrig, oval, 12–25 cm lang, ganzrandig, oberseits glänzend dunkelgrün, unterseits rostbraun filzig.

Blüten: V–VIII. Große, aufrechte, wohlduftende Zwitterblüten, 15–25 cm breit, 6–12 reinweiße Blütenblätter.

Früchte: Eiförmige, filzig behaarte, zapfenähnliche, bis 12 cm große Sammelfrucht.

Rinde: Graue, dünne Schuppenborke.

Verbreitung: Südöstliche USA. Häufiger Zierbaum in Südeuropa. In Mitteleuropa nur in besonders milden Lagen winterhart.

Standort: Von Natur aus in feuchten Niederungen.

Bestimmungshinweis: Junge Triebe, Knospen und die Unterseite der gummibaumähnlichen Blätter filzig rotbraun.

Kobushi-Magnolie

Magnolia kobus DC.

Gestalt: Baum oder Strauch, bis 20 m. Sommergrün.

Blätter: Wechselständig. Oval, 6–18 cm lang, kurz zugespitzt, ganzrandig.

Blüten: IV. Bis 12 cm breite, weiße, mitunter außen leicht rötliche Zwitterblüten.

Früchte: Gekrümmte, längliche, bis 12 cm lange, zapfenähnliche Sammelfrucht. Samen kräftig rot.

Verbreitung: Japan. In Mitteleuropa Zierbaum.

Standort: Ohne besondere Bodenansprüche.

Wissenswertes: Außer den hier vorgestellten Magnolien sind bei uns noch viele weitere, vor allem strauchförmig wachsende in Kultur.

Platanengewächse

Platanen-Allee

Ahornblättrige Platane

Platanus x hispanica Münchh. *(= Platanus x acerifolia)*
Gestalt: Bis 35 m. Sommergrün.
Blätter: 4–10 cm lang gestielt; Blattspreite 12–25 cm lang und annähernd so breit, handförmig gelappt mit 3–5 (selten 7) spitzen Lappen; diese grob buchtig gezähnt bis ganzrandig, der Mittellappen meist nicht viel länger als an der Basis breit.
Blüten: V. In eingeschlechtigen Blütenständen, einhäusig verteilt. Die kleinen, unscheinbaren Einzelblüten dicht gedrängt in kugeligen, etwa 1cm großen Köpfchen (Teilblütenstände), die zu 2–3 an einer gemeinsamen Blütenstandsachse hängen. Windbestäubung.
Früchte: IX, X. Kegelförmige, etwa 1 cm lange, am Grunde behaarte Nüsse in braunen, borstigen, 2–4 cm dicken Köpfchen, die zu 1–3 (selten mehr) an einem langen Stiel hängen.
Rinde: Frühe Bildung einer glatten, grau- bis gelbbraunen Borke, die mit unregelmäßigen, mehr oder weniger großen, dünnen Schuppen abblättert, Stämme und starke Äste dadurch auffallend hell und dunkel gescheckt (→ Bild Seite 42).
Verbreitung: Ursprung unbekannt. Als Park- und Straßenbaum seit langer Zeit in ganz Europa verbreitet.
Standort: Bestes Wachstum auf frischen, tiefgründigen Böden. Tiefwurzelnde Lichtbaumart.
Wissenswertes: Typisch für Platanen ist, daß die Winterknospen in einer Höhlung des Blattstiels verborgen sind und erst nach dem herbstlichen Laubfall zum Vorschein kommen. Die bei uns als Allee- und Parkbaum

Platanengewächse

Ahornblättrige Platane

Ahornblättrige Platane, Blätter

Ahornblättrige Platane, Früchte

Morgenländische Platane, Blätter

häufige Ahornblättrige Platane gilt als Hybrid zwischen der Morgenländischen und der **Abendländischen** (Amerikanischen) **Platane** (*Platanus occidentalis*). Sie wird in der Regel durch Stecklinge vermehrt. Im Freistand entwickelt sie sich zu einem beeindruckenden Baum mit mächtiger, weit ausladender, starkästiger Krone und kurzem, dickem Stamm. Sie verträgt regelmäßigen Rückschnitt problemlos und gedeiht auch in innerstädtischen Bereichen gut.
Ein Pilz *(Apiognomonia veneta)* verursacht die weit verbreitete Blattbräune der Platane, die sich durch Verbräunung und Welke der eben ausgetriebenen Blätter äußert. Meist erholen sich die Bäume noch im gleichen Jahr von dem Befall durch den Austrieb neuer Blätter.
Bestimmungshinweis: Kennzeichnend sind die bunt gescheckte Rinde, spitzahornähnliche, aber wechselständige Blätter (Ahorn gegenständig!) und die kugeligen Blüten- und Fruchtstände. Letztere bleiben häufig den Winter über am Baum.
Verwechslungsmöglichkeit besteht mit der **Morgenländischen Platane** (*Platanus orientalis*). Deren Blätter sind tiefer eingeschnitten, die Lappen schmaler, der Mittellappen länger als an seiner Basis breit. Die Blüten- bzw. Fruchtstände bestehen aus 2–7 Köpfchen. Die Morgenländische Platane ist in Südosteuropa, Kleinasien, Nordpersien und im westlichen Himalaja beheimatet und kommt dort vorwiegend auf feuchten Standorten vor. In Mitteleuropa ist sie nur selten in Kultur, da frostgefährdet.

Birnbaum

Holzbirne, Blatt

Holzbirne, Blüten

Holzbirne, Früchte

Holzbirne, Wildbirne

Pyrus pyraster Burgsd.
Gestalt: Baum oder Strauch, bis 20 m. Sommergrün.
Blätter: Stiel fast so lang oder länger als die Spreite; diese eiförmig bis rundlich, 2–8 cm lang, am Rand fein gesägt bis fast ganzrandig, kahl und glänzend oder behaart (mitunter dicht wollig).
Blüten: IV, V. An Kurztrieben in wenigblütigen Trauben, zwittrig, 2–4 cm breit, Kronblätter weiß, Staubbeutel rot, Griffel bis zum Grunde frei. Insektenbestäubung.
Früchte: IX, X. Birnenförmig bis kugelig, 2–3,5 cm groß, bräunlichgelb, herbsauer schmeckend.
Rinde: Kleinfeldrig geschuppte, graubraune Borke.
Verbreitung: Europa (ohne Skandinavien), Westasien.
Standort: Trockene Eichenwälder oder Gebüsche sonniger Hänge auf steinigen, flachgründigen Böden; auch in Auwäldern auf lehmigen, nährstoffreichen Böden. In den Alpen bis etwa 850 m Höhe. Tiefwurzelnd, relativ lichtbedürftig.
Wissenswertes: Die Holzbirne ist eine der Stammarten der **Gartenbirne** (*Pyrus communis*). Diese hat größere, zur Reifezeit weiche, süße Früchte und meist dornenlose Triebe. Oft ist es schwer, verwilderte Gartenbirnen von der Holzbirne zu unterscheiden.
Birnbaumholz ist rötlich- bis dunkelbraun, hart und schwer und zur Herstellung von Möbeln und für Bildhauer- und Drechslerwaren sehr gefragt. Birnbäume erreichen ein Höchstalter von etwa 150 Jahren.
Bestimmungshinweis: Kurztriebe oft zu Dornen umgewandelt.

Holzapfel, Blatt

Holzapfel, Blüten

Gartenapfel, Frucht

Gartenapfel

Echte Holzbirnen und Holzäpfel sind bei uns selten. Von ihren Kulturformen, Gartenbirne und Gartenapfel, gibt es sehr viele verschiedene Sorten, der heutige Anbau konzentriert sich nurmehr auf wenige davon. Zahlreiche altbewährte Sorten sind in Vergessenheit geraten.

Holzapfel, Wildapfel

Malus sylvestris Mill.

Gestalt: Baum oder Strauch, bis 10 m. Sommergrün.
Blätter: Stiel meist weniger als halb so lang wie die Blattspreite; diese rundlich-oval oder eiförmig, 4–9 cm lang, am Rand gesägt, behaart oder kahl.
Blüten: IV, V. An Kurztrieben in wenigblütigen Trauben, zwittrig, 2–4 cm breit, Kronblätter weiß, außen oft rötlich überlaufen, Staubbeutel gelb, Griffel bis zur Mitte miteinander verwachsen. Insektenbestäubung.
Früchte: IX, X. Äpfel kugelig, 2–3 cm groß, gelbgrün, oft rotwangig, schmecken herbsauer.
Rinde: Graubraune, feinrissige, in unterschiedlich großen, dünnen Schuppen abblätternde Borke.
Verbreitung: Europa, Kleinasien, Transkaukasien.
Standort: Laubmischwälder, Auwälder, Waldränder, Hecken und Gebüsche. Frische, tiefgründige, nährstoffreiche Böden. Steigt in den Alpen bis auf etwa 1100 m Höhe. Wärmeliebende, flachwurzelnde Licht- bis Halbschattenbaumart.
Wissenswertes: Der Holzapfel ist eine der Arten, aus der durch Züchtung die zahlreichen Sorten des **Kultur-** oder **Gartenapfels** (*Malus domestica*) entstanden sind. Im Unterschied zum Holzapfel sind die Zweige dornenlos, die Blätter vor allem unterseits stärker behaart, die Blütenstiele filzig, die Äpfel größer und süßer.
Aus dem schweren, im Kern rötlichbraunen Holz fertigt man Möbel, Drechsler- und Schnitzerwaren.
Bestimmungshinweis: Kurztriebe mitunter dornspitzig.

Vogelkirsche

Vogelkirsche, Blatt

Sauerkirsche, Früchte

Vogelkirsche

Prunus avium L.

Gestalt: Bis 30 m. Sommergrün.

Blätter: Stiel 2–5 cm lang, mit meist zwei rötlichen Nektardrüsen. Blattspreite breit lanzettlich bis oval, spitz, 6–15 cm lang, am Rand gesägt. Herbstfärbung gelb oder rot.

Blüten: IV, V. An Kurztrieben zu 2–4 in Büscheln; Kronblätter 1–1,5 cm lang, weiß. Insektenbestäubung.

Früchte: VII. Kirschen (Steinfrüchte) kugelig, 1–1,5 cm groß, reif glänzend schwarzrot, mit glattem Steinkern, Fruchtfleisch der Wildform bittersüß.

Rinde: Anfangs glatt, glänzend grau- oder rotbraun, mit querverlaufenden Korkwarzen, rollt sich mit Querstreifen ab; späte Bildung einer längsrissigen, schwarzgrauen Borke (→ Bild Seite 42).

Verbreitung: Europa, Kleinasien, Kaukasus, Nordpersien, Nordafrika.

Standort: Von der Ebene bis in mittlere Gebirgslagen (Alpen bis 1700 m). Laubmischwälder, Waldränder, Hecken. Frische, mittel- bis tiefgründige, nährstoffreiche, lehmige Böden. Etwas wärmeliebende, nicht sehr tief wurzelnde Lichtbaumart.

Wissenswertes: Die Vogelkirsche (auch Wild- oder Waldkirsche genannt) ist die Stammform der Süßkirschen. Das schön gefärbte, rötlich braune und ziemlich harte Holz ist im Stilmöbelbau, in der Kunsttischlerei und im Innenausbau sehr begehrt. Höchstalter etwa 100 Jahre.

Bestimmungshinweis: Ähnlich ist die **Sauerkirsche** (*Prunus cerasus*). Ihre Blätter sind kleiner, steifer und oft etwas glänzend; die Früchte sauer.

Traubenkirsche

Traubenkirsche, Blüten

Traubenkirsche, Blatt

Spätblühende Traubenkirsche

Traubenkirsche

Prunus padus L.

Gestalt: Baum oder Strauch, bis 18 m. Sommergrün.
Blätter: Stiel 1–2 cm lang, am oberen Ende meist mit zwei grünlichen Nektardrüsen; Blattspreite breit lanzettlich bis oval, 5–12 cm lang, am Rand fein gesägt, oberseits matt dunkelgrün, unterseits graugrün, Seitennerven zum Blattrand hin bogig verbunden.
Blüten: V, VI. Weiße, duftende Zwitterblüten in überhängenden, 10–15 cm langen Trauben (Name!).
Früchte: VII, VIII. Erbsengroße Steinfrüchte, reif glänzend schwarz, Steinkern gefurcht, Fruchtfleisch bitter.
Rinde: Glatt, schwarzgrau, nur selten seichtrissige Borke (→ Bild Seite 42).
Verbreitung: Europa, Asien.
Standort: Feuchte Laubwälder, Auwälder, Waldränder, an Gewässern. Frische bis feuchte, tiefgründige, nährstoffreiche Lehm- und Tonböden. Halbschattenbaumart.
Wissenswertes: Bildet Wurzelsprosse. Die roh nicht sehr wohlschmeckenden Früchte kann man für Saft oder Marmelade verwenden.
Bestimmungshinweis: Die Rinde der Zweige riecht unangenehm (Rinde etwas anritzen!). Wächst häufig mehrstämmig, Zweige meist überhängend.
Ähnlich ist die **Spätblühende Traubenkirsche** (*Prunus serotina*). Sie hat eine rissige, schuppige Borke und derbere, oberseits glänzende, unterseits entlang der Mittelrippe dicht bräunlich behaarte Blätter. Sie stammt aus Nordamerika, wird bei uns gerne als Ziergehölz gepflanzt und ist stellenweise verwildert. Blüht etwas später als die einheimische Traubenkirsche.

Mehlbeere

Mehlbeere, Blatt

Mehlbeere, Blüten

Mehlbeere, Früchte

Mehlbeere

Sorbus aria Crantz
Gestalt: Baum oder Strauch, bis 20 m. Sommergrün.
Blätter: Stiel 1–2,5 cm lang, weißfilzig; Blattspreite oval, 6–14 cm lang, am Rand meist doppelt gesägt, aber nicht gelappt; junge Blätter beidseitig, später meist nur unterseits dicht weiß- bis graufilzig behaart.
Blüten: V, VI. In endständigen Schirmrispen, zwittrig; Kronblätter 3–4 mm lang, weiß; Kelchblätter und Blütenstiele weißfilzig. Insektenbestäubung.
Früchte: X. Dicht gebüschelte, kugelige, 1–1,5 cm große, orange- bis scharlachrote Apfelfrüchte; Fruchtfleisch mehlig, schmeckt fad. Bleiben häufig den Winter über am Baum.
Rinde: Grau, lange Zeit glatt, mit rhombischen Lentizellen; Borke längsrissig.
Verbreitung: Europa.
Standort: Von der Ebene bis in die subalpine Stufe (im Wallis bis 1900 m Höhe). Lichte Eichen-, Buchen- und Kiefernwälder, Felsgebüsche, sonnige Hänge. Meist auf flachgründigen, trockenen Lehm- oder Steinböden sommerwarmer Lagen, oft auf Kalk. Tiefwurzelnde Licht- oder Halbschattenbaumart.
Wissenswertes: Die Früchte enthalten Apfel- und Zitronensäure. Sie lassen sich zu Mus oder Sirup verkochen, früher wurde aus ihnen Essig gewonnen. Mehlbeeren wachsen sehr langsam und können bis etwa 200 Jahre alt werden. Das im Kern rotbraune, schwere, harte und elastische Holz ist bei Drechsler sehr geschätzt.
Bestimmungshinweis: Typisch sind die filzig weiß behaarten Stiele und Unterseiten der Blätter.

Rosengewächse

Schwedische Mehlbeere, Blatt

Blühende Elsbeere

Elsbeere, Blatt

Die Schwedische Mehlbeere *(Sorbus intermedia)* ist bei uns ein beliebter Park- und Straßenbaum. Sie ähnelt der Mehlbeere, hat jedoch am Rand tiefer eingeschnittene, mehr oder weniger gelappte, im unteren Teil oft fiederspaltige Blätter.

Elsbeere

Sorbus torminalis Crantz

Gestalt: Bis 20 m. Sommergrün.

Blätter: 2–5 cm lang gestielt; Blattspreite im Umriß breit eiförmig, 5–12 cm lang, jederseits 3–4 (5) spitzige Lappen, am Rand gesägt, beidseitig grün. Herbstfärbung gelb oder rot.

Blüten: V, VI. Weiße, 1–1,5 cm breite Zwitterblüten in aufrechten Schirmrispen. Insektenbestäubung.

Früchte: X. Kugelige oder eiförmige, etwa 1,5 cm große Apfelfrüchte, reif braun mit hellen Punkten.

Rinde: Borke graubraun, kleinschuppig.

Verbreitung: West-, Süd- und Mitteleuropa, Kleinasien, Nordpersien, Nordwestafrika.

Standort: Eichenreiche Wälder und Gebüsche des Hügel- und Berglandes. Frische bis trockene, meist kalkhaltige, lehmige, lockere Böden. Wärmeliebende, relativ tiefwurzelnde Halbschattenbaumart.

Wissenswertes: Seltene, schützenswerte Art. Im überreifen, teigigen Zustand sind die Früchte genießbar. Sie sind, wie die des verwandten Speierlings (→ Seite 59), sehr gerbstoffreich und wurden früher als Heilmittel gegen Durchfall und Ruhr eingesetzt. Das wertvolle, oft als „Schweizer Birnbaum" bezeichnete, rötlichweiße, schwere, harte und sehr elastische Holz wird in der Möbelschreinerei und Drechslerei oder zur Herstellung von Zollstöcken und Holzinstrumenten verwendet.

Bestimmungshinweis: Aufgrund der typisch geformten, beidseitig grünen, kahlen oder zerstreut behaarten Blätter unverwechselbar.

Judasbaum in voller Blüte

Judasbaum, Blüten am Stamm

Judasbaum, Blätter

Judasbaum im Herbst

Judasbaum

Cercis siliquastrum L.
Gestalt: Baum oder Strauch, bis 10 m. Sommergrün.
Blätter: Stiel 2–4 cm lang; Blattspreite annähernd rund, nieren- oder herzförmig, 6–12 cm im Durchmesser, ganzrandig, vorne abgerundet oder mitunter eingekerbt, beidseitig kahl, unterseits grau- oder blaugrün.
Blüten: III, IV (vor dem Laubaustrieb). Rosa bis violett gefärbte, etwa 2 cm große, gestielte, zwittrige Schmetterlingsblüten in kurzen, büscheligen Trauben; stets an älteren, mindestens zweijährigen Zweigen, häufig an starken Ästen oder am Stamm. Insektenbestäubung.
Früchte: IX, X. Hülsen 6–12 cm lang, flach, feinspitzig, mehrsamig, anfangs grün, reif rot- bis dunkelbraun und pergamentartig, bleiben oft den Winter über am Baum.
Rinde: Schwarzbraune, sehr fein gefelderte Borke.
Verbreitung: Südeuropa, Kleinasien bis Persien. Ursprüngliche Heimat unsicher, da schon lange in Kultur.
Standort: Lichte Laubwälder, Gebüsche, an Flußläufen. Lockere, steinige, meist kalkhaltige Böden. Wärmeliebende Lichtbaumart.
Wissenswertes: Wegen seiner üppigen Blütenpracht vor allem im südlichen Europa weit verbreitetes Ziergehölz. In Mitteleuropa nur in milden Lagen kultivierbar. Eine Besonderheit dieser Art ist es, daß die Blüten an älteren Zweigen oder sogar am Stamm erscheinen (Stammblütigkeit).
Bestimmungshinweis: Die Blätter ähneln denen des Katsurabaums (→ Seite 83), doch sind sie wechselständig (beim Katsurabaum an Langtrieben gegenständig!).

Taubenbaum, Blütenstände

Blühender Taubenbaum

Der Tauben- oder Taschentuchbaum ist eine markante Erscheinung in unseren Parks. Seinen Namen hat er von den auffälligen, rahmweißen Hochblättern am Grunde seiner Blütenstände: wie weiße Tauben oder Taschentücher flattern sie zur Blütezeit im Wind. Diese Baumart wurde erst 1869 in den Gebirgen Westchinas vom französischen Missionar A. David entdeckt (deshalb der wissenschaftliche Name *Davidia*). 1897 gelangte das erste Saatgut dieser Art nach Europa.

Taubenbaum, Taschentuchbaum

Davidia involucrata Baill.

Gestalt: Bis 20 m. Sommergrün.

Blätter: Langgestielt; Blattspreite 8-15 cm lang, breit eiförmig mit herzförmiger Basis, am Rand grannenspitzig gezähnt, unterseits seidig behaart oder kahl und gelblich- bis bläulichgrün.

Blüten: V, VI. Langgestielte, kopfige Blütenstände am Ende beblätterter Kurztriebe. Pro Blütenstand eine zwittrige und zahlreiche ♂ Blüten, ohne Blütenhülle. Am Grunde des Blütenstandes zwei große (bis 16 cm lang und etwa halb so breit), anfangs gelbgrüne, später rahmweiße Hochblätter.

Früchte: X. Langgestielte, kugelige, 2,5–4 cm große, grüne, später braune Steinfrüchte mit drei- bis fünfsamigem, gefurchtem Steinkern.

Rinde: Graubraune, schuppige Borke.

Verbreitung: Westchina. In Mitteleuropa Zierbaum.

Standort: Nährstoffreiche, nicht zu trockene Böden.

Wissenswertes: Bei uns ist überwiegend die Varietät *vilmoriniana* mit unterseits kahlen, bläulichgrünen Blättern in Kultur.

Bestimmungshinweis: Die Blätter ähneln in der Form denen unserer Linden, haben aber am Rand grannenspitzige Zähne. Zur Zeit der Blüte unverwechselbar durch die großen, weißen Hochblätter an der Basis der Blütenstände. In der Regel ist eines der beiden Hochblätter deutlich größer als das andere.

Lindengewächse

Linden-Allee im Herbst

Die Linden

Linden sind sommergrüne Bäume mit zweizeilig angeordneten, mehr oder weniger herzförmigen Blättern. Die intensiv duftenden Blüten sind zwittrig und zu hängenden Blütenständen vereinigt. Sie werden von Insekten bestäubt. Die Blütenstandsachse ist mit einem zungenförmigen Hochblatt verwachsen.
Sommer- wie Winterlinde sind bei uns von Natur aus eher seltene Arten des Laubmischwaldes. Da sie gut aus dem Stock ausschlagen, waren sie zu Zeiten der Nieder- und Mittelwaldwirtschaft häufiger als sie es heute sind. Die Bastfasern ihrer Rinde nutzte man zur Herstellung von Flecht- und Seilerwaren sowie im Garten als Bindematerial. Lindenblüten sind eine hervorragende Bienenweide. Die getrockneten Blüten ergeben den bekannten, schweißtreibenden und blutreinigenden Lindenblütentee. Das fein strukturierte, gelblich- bis rötlichweiße Holz ist relativ leicht und weich. Schnitzer, Bildhauer und Drechsler schätzen es seit je her, da es leicht und sauber bearbeitbar ist. Viele Meisterwerke der Bildhauerkunst, beispielsweise solche von Tilman Riemenschneider, sind aus Lindenholz.

Winterlinde

Tilia cordata Mill.
Gestalt: Bis 40 m.
Blätter: Stiel 2–5 cm lang, kahl; Blattspreite herzförmig, 3–10 cm lang, am Rand gesägt, unterseits graugrün, bis auf die bräunlichen Achselbärte in den Nervenwinkeln kahl.
Blüten: VI, VII. 4–11 Blüten pro Blütenstand.
Früchte: IX. Kugelige, 5-8

Lindengewächse

Winterlinde, Blatt

Sommerlinde, Achselbärte

Winterlinde, Blüten

Winterlinde, Früchte

Von allen einheimischen Laubbäumen blühen die Linden als letzte im Jahr. Die Blüten sondern viel Nektar ab und werden von Bienen, Hummeln und verschiedenen anderen Insekten bestäubt. Man bereitet aus ihnen den bekannten schweißtreibenden Tee zur Linderung fiebriger Erkältungskrankheiten. Große Bedeutung hatten Linden im kulturellen Leben unserer Vorfahren. Noch heute zeugen bis zu 1000 Jahre alte Dorflinden von dieser Zeit.

mm große, dünnschalige (zwischen den Fingern zerdrückbar!), undeutlich kantige Nüsse.
Rinde: Dunkelgraue bis schwärzliche, dicht längsrissige Borke (→ Bild Seite 43).
Verbreitung: Europa.
Standort: Laubmischwälder sommerwarmer Lagen. Frische bis mäßig trockene, nährstoffreiche, lehmige Böden. Tiefwurzelnde Schattenbaumart.
Bestimmungshinweis: Blätter im Unterschied zur Sommerlinde kleiner, kahl, Achselbärte bräunlich (bei jungen Blättern weißlich!). Junge Triebe meistens kahl (Sommerlinde behaart).

Sommerlinde

Tilia platyphyllos Scop.
Unterschiede zur Winterlinde:
Blätter: Stiel behaart, Blattspreite bis 17 cm groß (an kräftigen Schößlingen auch größer), unterseits hellgrün, mehr oder weniger weich behaart, Nervenwinkel mit weißlichen Achselbärten.
Blüten: Meist 1–3 Wochen vor der Winterlinde. Blütenstände zwei- bis fünfblütig.
Früchte: Nüsse 8–10 mm, hartschalig (zwischen den Fingern nicht zerdrückbar!), deutlich gerippt.
Verbreitung: Mittel-, West-, Süd-, Südosteuropa bis zum Kaukasus.
Standort: Laubmischwälder des Hügel- und Berglandes, bevorzugt in sommerwarmen, wintermilden, luftfeuchten Lagen. Halbschattenbaumart.
Bestimmungshinweis: Aus Südosteuropa stammt die bei uns als Allee- und Parkbaum kultivierte **Silberlinde** (*Tilia tomentosa*). Sie hat unterseits grau- bis weißfilzige, im Herbst goldgelbe Blätter.

Kirschbäume auf einer Almweide.

Laubbäume schützen

Luftverschmutzung, Bodenversauerung und drohende Klimakatastrophe sind Schlagworte für die Gefährdung unserer Umwelt. Von den vielschichtigen, negativen Auswirkungen unseres Handelns bleiben auch und vor allem Laubbäume nicht verschont. Die „Waldschadensberichte" der letzten Jahre, amtliche Statistiken über den Gesundheitszustand des Waldes, weisen für Laubbäume erschreckend hohe Schäden aus. Der Mensch droht viel von der Vielfalt zu zerstören, die in Millionen von Jahren Evolution entstanden ist. Das folgende Kapitel soll einige Möglichkeiten aufzeigen, wie der Einzelne dem drohenden Verlust entgegenwirken kann.

Zurück zum Laubbaum

Mitteleuropa ist von Natur aus ein reines Waldland. Wald würde fast überall vorherrschen, sieht man einmal von den baumfreien Gipfelregionen der Alpen und ausgedehnten Mooren ab. Hätte Mutter Natur noch das Sagen, wäre dieser Wald ein Laubwald. Mit Abstand die häufigste Baumart darin wäre die Rotbuche, je nach Standort in reinen Beständen oder aber gemischt mit Eichen, Ulmen, Ahornen, Eschen und anderen Laubbäumen. Größere, geschlossene Nadelwälder, beherrscht von Fichte und Tanne, waren und sind von Natur aus auf die klimatisch rauhen, höheren Lagen der Gebirge beschränkt. Auf weiten Flächen, beispielsweise in den Hochlagen der Mittelgebirge wie Schwarzwald und Bayerischer Wald, sind sie bis heute erhalten geblieben, obwohl auch hier der Mensch die ursprüngliche Artenzusammensetzung und Struktur des Waldes nachhaltig verändert hat.

Von der Vielfalt zur Einfalt

Viele Laubwälder wurden – und werden leider immer noch – für Landwirtschaft, Siedlungen und Verkehrswege gerodet, große Teile der verbliebenen Flächen sind zu tristen Fichten- oder Kiefernforste verkommen. Die Feldflur, ursprünglich durch markante Einzelbäume, Feldgehölze und Hecken vielfältig und abwechslungsreich gegliedert, wurde in weiten Landstrichen zu einer Agrarsteppe degradiert. Doch nicht genug damit. Die für Pflanze, Tier und Mensch schädlichen Folgen unserer Zivilisation, allen voran die verschiedensten Luftschadstoffe, bekommen Laubbäume inzwischen überall zu spüren. Auch dort, wo uns die Natur scheinbar noch unberührt und urwüchsig erscheint. Kurzum: Laubbäume sind gefährdet. Was kann man dagegen tun?

Verringerung der Luftverschmutzung

Daß Maßnahmen zur Verringerung der Luftverschmutzung ergriffen werden müssen, ist eine Forderung, die sich nicht nur an die Allgemeinheit richtet, sondern auch den Einzelnen betrifft. Auf das Auto zu verzichten, wo immer möglich, und dafür umweltfreundliche Verkehrsmittel zu benutzen, ist allemal ein Beitrag, diese Forderung in die Tat umzusetzen. Doch zeigt sich gerade hier, wie schwer es vielen von uns fällt, zugunsten der Umwelt Opfer zu bringen. Freilich scheitern die guten Vorsätze oft alleine daran, daß vielerorts öffentliche Verkehrsmittel als Alternative zum Auto nur unzureichend verfügbar sind.

Umdenken in der Forstwirtschaft

Ein anderer Weg, dem drohenden Verlust der Vielfalt zu begegnen, ist es, vermehrt Laubbäume zu pflanzen. Diese Einsicht setzt sich auch immer mehr in der Forstwirtschaft durch, nachdem diese bislang mehrheitlich auf den Anbau von Fichten und Kiefern ausgerichtet war. Viele Forstverwaltungen haben es sich zum Ziel gesetzt, vermehrt Buchen, Eichen, Eschen, Ahorne, Linden und Vogelkirschen, aber auch so seltene Arten wie die Elsbeere und den Speierling anzupflanzen. Dies freilich nicht alleine aus Gründen des Natur- und Artenschutzes. Vielmehr hat man erkannt, daß Laub- und Mischwälder im Vergleich zu reinen Nadelwäldern ökologisch stabiler sind, das heißt weniger anfällig gegen Sturm, Schnee und Insek-

Erosionsschäden durch fehlende Vegetation.

ten. Deswegen sind laubholzreiche Wälder auch wirtschaftlich langfristig die bessere Alternative. Eine Chance mehr für Laubbäume!

Zum Bild: Wald ist der beste Bodenschutz. Die Kronen seiner Bäume mindern die Wucht fallender Niederschläge, die Wurzeln halten das Erdreich. Wird der Wald zerstört, droht in Hanglagen Erosion. Dadurch geht Boden unwiederbringlich verloren.

Laubbäume schützen
Nicht nur im Wald läßt sich etwas für Laubbäume tun. Jeder kann beispielsweise in seiner Gemeinde versuchen, durch Rat und Tat mitzuhelfen, daß bei Baumaßnahmen Laubbäume geschont und bei Begrünungsaktionen neue gepflanzt werden.

Laubbäume pflanzen
Wer in der glücklichen Lage ist, in seinem eigenen Garten Laubbäume kultivieren zu können, hat es da natürlich einfacher. Viele Gärten würden einiges von ihrer durch das Vorherrschen von Koniferen verursachten Eintönigkeit verlieren, gewährte man vermehrt Laubbäumen Platz.

Pflanzzeit
Das Pflanzen eines Baums will gut überlegt und vorbereitet sein. Das beginnt schon mit der Pflanzzeit. Wurzelnackte Pflanzen sollten entweder im Herbst oder im Frühjahr gepflanzt werden, solche mit einem ausreichend großen Wurzelballen kann man auch den Sommer über ausbringen.

Der richtige Standort
Gerade bei Bäumen ist die Wahl des richtigen Standortes von großer Bedeutung, schließlich werden sie sehr groß und lassen sich später nicht mehr oder nur mit großem Aufwand versetzen. Immer wieder kann man beobachten, daß Bäume zu nah beieinander, zu eng an Gebäuden oder – und gerade das bereitet später oft viel Unannehmlichkeiten – zu nah am Nachbargrundstück gepflanzt werden. Für Bäume, Hecken und Sträucher sind deshalb je nach ihrer Wuchshöhe Grenzabstände gesetzlich vorgeschrieben. Man sollte die jeweils gültigen Bestimmungen, die von Land zu Land verschieden sind, unbedingt vor der Pflanzung beachten. Noch besser ist es, sich vorher mit dem Nachbarn zu besprechen.

Die Qual der Wahl
Die Wahl der Baumart ist, neben den Einschränkungen die der Standort erzwingt, weitgehend eine Sache des persönlichen Geschmacks. Für die einen haben Obstbäume Priorität, wobei man überlegen kann, ob es nicht auch einmal eine der selten gewordenen Obstbaumarten wie Speierling oder Elsbeere sein kann. Sie blühen wunderschön, haben nutzbare Früchte und eine ansehnliche Herbstfärbung. Das Problem ist leider, daß Jungpflanzen dieser einheimischen Arten im Handel nur selten erhältlich sind – eigentlich paradox, wenn man bedenkt, wie reichhaltig das Sortiment exotischer Gehölze ist. Für andere Gartenbesitzer sind eine dekorative Rinde oder eine besonders attraktive Herbstfärbung ausschlaggebend für die Baumartenwahl. Wieder andere Vorzüge sprechen für eine Sal- oder eine Reifweide. Ihre hübschen Blütenkätzchen (vor allem die der männlichen Pflanzen) erscheinen im Vorfrühling zu einer Zeit, in der im Garten Blüten noch Mangelware sind. Gerade deshalb tut man mit dieser Wahl auch den Bienen einen großen Gefallen. Eine hervorragende Bienenweide ist auch die Robinie, doch hat sie zwei schwerwiegende Nachteile. Zum einen sind die Blätter, die Rinde, die Früchte und die Samen giftig, so daß in Gärten mit Kleinkindern erhöhte Vorsicht geboten ist. Zum anderen neigt die Robinie stark zur Bildung von Wurzelbrut. Will man nicht, daß sich der Garten in Kürze in ein Robinien-Dickicht verwandelt, kommt man nicht umhin, immer wieder die aus dem Boden sprießenden, extrem dornigen Schößlinge auszustechen.

Das Pflanzen selbst
In der Regel wird man sich seinen Baum in einer Baumschule oder in einem Gartencenter kaufen. Kataloge informieren

über das Sortiment und geben darüber hinaus wichtige Informationen über Standortsansprüche, Wuchs und notwendige Pflege.

- Wichtig ist es, nach dem Kauf des Baums darauf zu achten, daß die Wurzeln nicht austrocknen. Bevor man pflanzt, empfiehlt es sich, die Wurzeln einige Stunden lang zu wässern. Kann man nicht sofort pflanzen, so schlägt man das Bäumchen ein, das heißt man gräbt die Wurzeln provisorisch ein, so daß sie ganz mit Erde bedeckt sind.
- Die eigentliche Pflanzung beginnt mit dem Ausheben eines ausreichend großen Pflanzloches, so daß die Wurzeln darin bequem Platz finden. Beschädigte Wurzeln sollten stets sauber zurückgeschnitten werden.
- Danach wird der Baum in das Pflanzloch gestellt und dieses unter wiederholtem Rütteln des Baums mit guter, krümeliger Gartenerde, die man mit Komposterde mischen kann, verfüllt. Dabei ist darauf zu achten, daß zwischen den Wurzeln keine größeren Hohlräume bleiben. Wichtig ist ferner, daß der Baum nicht tiefer zu stehen kommt als an seinem Platz zuvor, wobei man berücksichtigen muß, daß sich die Erde im Pflanzloch mit der Zeit noch setzen wird.
- Zuletzt tritt man die eingefüllte Erde fest an, deckt sie zum Schutz vor Austrocknung mit einer dicken Schicht organischem Mulchmaterial ab, pfählt den Baum an und wässert das gesamte Pflanzloch ausgiebig.

Bevor man den Baum in das ausgehobene Pflanzloch stellt, schneidet man verletzte Wurzeln mit der Gartenschere sauber ab.

Das Pflanzloch wird sorgfältig mit Erde verfüllt. Dabei ist auf die richtige Höhe und lotrechte Stellung des Baums zu achten.

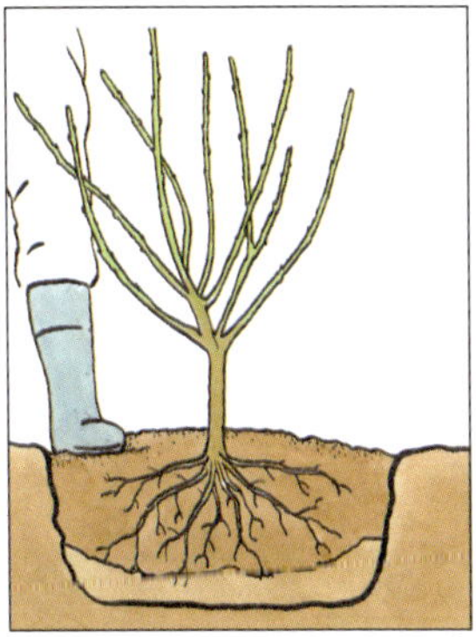

Die Erde rund um den Stamm wird fest angetreten und zum Schutz vor Austrocknung mit einer Schicht Mulchmaterial abgedeckt.

Zur Stütze des Baums empfiehlt es sich, einen Pfahl anzubringen. Das Pflanzloch muß ausgiebig gewässert werden.

Laubbäume in der Stadt

Bäume erhöhen die Lebensqualität der Stadt auf vielfältige Weise.

- Sie filtern Staub aus der Luft, mindern Lärm und spenden Schatten.
- Ihre Transpiration, die Verdunstung von Wasser, wirkt kühlend und erhöht die Luftfeuchtigkeit der relativ trockenen Stadtluft.
- Nicht zu unterschätzen sind die Wirkungen von Bäumen auf das seelische Wohlbefinden der Menschen: Bäume bringen Leben in die Stadt und lassen auch fernab der freien Natur das Gefühl für die Jahreszeiten nicht verkommen.

Stadtleben: Auch für Bäume nichts als Streß

Diese Leistungen werden den Bäumen unter erschwerten Bedingungen abverlangt. Die meisten der als Park- oder Straßenbäume kultivierten Arten sind eigentlich Waldbäume. Die Lebensbedingungen in der Stadt weichen in der Regel ganz erheblich von denen des natürlichen Standortes ab und machen den Bäumen das Leben schwer. Die Probleme beginnen bereits unter der Erde. Der Boden ist nicht selten durchmischt mit Bauschutt und mehr oder weniger stark verdichtet. Dazu kommt das Stadtklima. Die Luft in der Stadt ist, vor allem an Hitzetagen, deutlich wärmer und viel trockener als die Luft im Umland. Dies führt bei Bäumen zu Problemen mit der Wasserversorgung, die sich dadurch verschärfen, daß infolge der „Versiegelung“ der Bodenoberfläche und verdichteter Böden der größte Teil der Niederschläge oberflächlich abfließt und deshalb nur wenig Wasser den Wurzelraum erreicht. Doch nicht genug des Stresses. Längst weisen auch Laubbäume Schäden durch Immissionen auf. Eine weitere Belastung sind die im Winter eingesetzten Auftausalze. Sie greifen den Baum einmal direkt an, zum anderen führen sie zu einer Verschlechterung der ohnehin meist alles andere als wurzelfreundlichen Struktur des Bodens.

Hilfe ist notwendig

So vielfältig die Ursachen für die schlechten Lebensbedingungen der Stadtbäume sind, so vielseitig sind die Möglichkeiten, Abhilfe zu schaffen. Gefordert ist mehr Rücksicht auf Bäume. Nur so können wir den Lebensraum Stadt lebenswert erhalten.

Zum Bild links: Schicksal vieler Stadtbäume: Ihr Stamm hinter Gittern, die freie Fläche rundherum auf ein Minimum reduziert.

Zum Bild rechts: „Wo wir uns finden ...“. Die Linde stand wie kein anderer Baum im Mittelpunkt des kulturellen Lebens unserer Vorfahren. Linden waren Treffpunkt der Dorfgemeinschaft, unter ihren mächtigen, dicht belaubten Kronen feierte man Feste oder kam zu Beratungen zusammen.

Arten- und Sachregister

Halbfett gesetzte Seitenzahlen verweisen auf Farbfotos.

A

B

C

D

E

Arten- und Sachregister

Arten- und Sachregister

Arten- und Sachregister

Z

Die Fotografen, Impressum

Die Fotografen:
Die Farbfotos stammen von Andreas Riedmiller mit Ausnahme von:
Aas: Seite 100 li. u., 110 li. u. 123 li. u., 134 re. u.; Kremer: Seite 34 re.; Lopez: Seite 127 u.; Scherz: Seite 34 li., 58 li., 62, 63 li. o., 85 li. u., 87 li.; Thönnißen: Seite 33; Zauner: Seite 98 re.u..

Zeichnungen verändert nach „Bärtels, A.: Gehölze pflanzen und pflegen.“
Ulmer Verlag, Stuttgart.

Die Autoren:
Dr. Gregor Aas, ehemaliger Mitarbeiter am Lehrstuhl für Forstbotanik der Universität München (Leitung: Prof. Schütt). Seit 1990 Leiter des dendrologischen Instituts der Universität Zürich.
Andreas Riedmiller, gelernter Gärtner. Naturfotograf. Spezialgebiet Bäume und Sträucher. Ständiger Mitarbeiter der Zeitschrift „natur“.

Lizenzausgabe für Gondrom Verlag GmbH, Bindlach 2002

Redaktionsleitung:
Hans Scherz
Stellvertretende Redaktionsleitung:
Renate Weinberger
Redaktion: Sonnhild Bischoff
Herstellung:
Johannes Schmidt-Thomé
Layout: Heide Blut
Covergestaltung:
Monika Kauffeld
Zeichnungen:
György Jankovics
Satz: L☆O☆W, München

ISBN 3-8112-1961-8

Der Umwelt zuliebe gedruckt auf chlorfrei gebleichtem Papier.

Foto Seite 158/159:
Hier läßt's sich gut rasten.

Gefiederte Blätter

Eberesche (→ Seite 58)

Gewöhnliche Esche (→ Seite 69)

Robinie (→ Seite 61)

Roßkastanie (→ Seite 67)

Walnußbaum (→ Seite 53)

Ungeteilte, wechselständige Blätter

Persische Eiche (→ Seite 123)

Hainbuche (→ Seite 110)

Vogelkirsche (→ Seite 136)

Rotbuche (→ Seite 113)

Platane (→ Seite 132)

Schwarzpappel (→ Seite 92)

Feldulme (→ Seite 126)

Salweide (→ Seite 99)